中国脱贫攻坚

湖南省五村案例

全国扶贫宣传教育中心　组织编写

中国文联出版社

图书在版编目（CIP）数据

中国脱贫攻坚·湖南省五村案例 / 全国扶贫宣传教
育中心组编 . -- 北京：中国文联出版社，2021.12
ISBN 978-7-5190-4798-6

Ⅰ.①中… Ⅱ.①全… Ⅲ.①扶贫-工作经验-案例
-湖南 Ⅳ.① F126

中国版本图书馆 CIP 数据核字（2021）第 278496 号

编　　者　全国扶贫宣传教育中心组
责任编辑　祝琳华
特约审读　李荣华
责任校对　张　苗
装帧设计　乐　阅
出版发行　中国文联出版社有限公司
社　　址　北京市朝阳区农展馆南里 10 号　邮编　100125
电　　话　010-85923025（发行部）　010-85923091（总编室）
经　　销　全国新华书店等
印　　刷　廊坊佰利得印刷有限公司

开　　本　710 毫米 × 1000 毫米　　1/16
印　　张　9
字　　数　95 千字
版　　次　2021 年 12 月第 1 版第 1 次印刷
定　　价　58.00 元

前　言

　　湖南是精准扶贫首倡地，也是全国脱贫攻坚主战场之一。自脱贫攻坚战打响以来，湖南省始终牢记习近平总书记殷殷嘱托，坚决落实党中央、国务院决策部署，强化"首倡之地当有首倡之为"的政治责任，坚持以脱贫攻坚统览贫困地区经济社会发展全局，锲而不舍向绝对贫困宣战，努力走好精准、特色、可持续的发展之路，夺取了脱贫攻坚战的全面胜利。到2020年年底，全省682万农村建档立卡贫困人口全部脱贫，6920个贫困村全部出列，51个贫困县全部摘帽，区域性整体贫困得到彻底解决。开展脱贫攻坚以来，湖南省解决了120.3万农村"四类"对象危房问题，将69.4万易地扶贫搬迁群众搬出了穷窝。580万农村贫困人口喝上了放心水，所有贫困人口均参加了城乡居民合作医疗，208.7万名贫困患者得到分类救治，106.5万贫困人口被纳入低保和特困供养保障范围，78.6万名义务教育阶段贫困家庭适龄儿童"应学尽学"，11.3万人次贫困群众就地转为护林员。全省贫困户人均收入由2013年的6165元增至2020年的12406元，年均增幅9%。

　　为了真实记录中国脱贫攻坚波澜壮阔的生动实践，全面宣传脱贫攻坚的历史成就，深入评估县域脱贫攻坚的多方面影响，总结提炼贫困县脱贫摘帽、贫困村退出的典型经验，同时为丰富发展中国特色扶贫开发理论提供案例支撑，经国务院扶贫办批准，2019 年全国扶贫宣传教育中心组织实施"脱贫攻坚成就和经验总结"项目，委托中国农业大学人文与发展学院叶敬忠教授团队承担"中部区域县、村脱贫攻坚经验总结"项目，其中湖南省组长由中国农业大学人文与发展学院汪淳玉副教授担任。课题组于 2019 年 10 月赴湖南开展调研。在湘期间，课题组分赴常德市石门县薛家村、怀化市通道侗族自治县文坡村、湘西自治州凤凰县夯卡村、邵阳市洞口县宝瑶村、娄底市新化县油溪桥村开展村庄调查。这五个村的案例体现了湖南省脱贫攻坚取得辉煌成就的部分宝贵经验：

一是依托区位优势，发掘地方资源，打好"精准的政策组合拳"。产业是扶贫的基础。要壮大产业，就需要因地制宜，找到能扎根乡土的扶贫产业。于都县潭头村从基础抓起，发挥自身区位优势，早在 20 世纪中叶就有浓厚的产业意识。吉安县江南村的蜜柚、石城县坳背村的白莲各自有较为厚实的社会土壤，嵌入当地生产生活实际，具有良好的适应性。井冈山市神山村依托绿色和红色资源发展旅游业，取得较好效果。此外，在发展产业的同时，各村还要打好政策"组合拳"，强化兜底保障，照顾到在村的各类群体。

二是找准带头人，变劣势为优势，以产业稳就业——产业是扶贫的基础。要壮大产业，就需要因地制宜，找到能扎根乡土的扶贫产业。夯卡村是典型的中高海拔地区深度贫困村。恶劣的自然条件使夯卡村的农业生产长期处于自给自足的状况。易地扶贫搬迁之后，村党员干部积极带领全村人种桑养蚕、种植红心猕猴桃、吊瓜等，积极与外部市场对接，已经形成了较为稳固的产业链，农民有了较稳定的就业和收入来源。薛家村找准了王新法作为带头人，充分利用当地的红色资源、绿色资源和乡土本色资源开展旅游、茶叶、岩蛙等产业，实现了稳步脱贫。文坡村以"侗锦产业"为核心，以"四大农业产业"和"非遗文化旅游业"为两翼，拓宽了村民的收入渠道，获得了村民的支持，也为文坡村的发展提供了长足动力。

三是强化基层党建，筑牢群众基础，激发村庄活力。打赢脱贫攻坚战，组织领导是保证，选派扶贫工作队是加强基层扶贫工作的有效组织措施。宝瑶村驻村工作队和文坡村的"四支队伍"把扶贫同基层组织建设有机结合，抓好以村党组织为核心的村级组织配套建设，把基层党组织建设成为带领乡亲们脱贫致富、维护农村稳定的坚强领导核心。工作队一心扑在扶贫工作上，"脚下沾满了泥土，心中沉淀了真情"。他们以真知实干、真情实感感染了群众，扎实筑牢了脱贫攻坚的群众基础。深入群众的扶贫工作方式调动起了贫困群众的积极性、主动性和创造性，激发了村庄的内在活力。

四是创新治理方式，探索发展新路，激发内生发展动力。对贫困地区来说，外力帮扶非常重要，但如果自身不努力、不作为，即使外力帮扶再强大，也难以有效发挥作用。油溪桥村创新性地提出了积分制管理，通过建立户主档案袋和积分的动态管理，结合利益联结机制和奖惩机制，调动村民参与村务管理的积极性。以让"村民既当村规民约的制定者，又当村规民约的执行者"的方式调动村民主动参与村规民约的制定，有效降低了村务管理成本，改善了村风民风，实现了村务治理由"替民作主"向"由民作主"的转变。文坡村利用侗族特有的"款约"文化进行"款约治村"，成为扶贫治理中"三治融合"的典范。

在"十四五"开局之年，中国面临新发展格局，如何在城乡融合的大背景下推动乡村振兴，如何在国内国外双循环的建设中抓住机遇，实现村庄的进一步发展，这都是广大干部群众面临的新课题。湖南省这五个村庄的典型经验，或许可以为万千村庄提供借鉴，走上新的征程。

目　录

第一章

薛家村：

党建引领　山河长圆

薛家村的脱贫故事内涵丰富、特色鲜明。在王新法的军人团队带领下，薛家村以兴建"山河圆"革命烈士陵园为起点，形成了"三色"旅游资源相结合（红色、绿色与土家族本色旅游资源）以及三大产业相融合（新兴岩蛙养殖业、新兴旅游产业与传统茶叶产业）的发展模式，脱贫成效显著，全村精神风貌焕然一新，党的凝聚力和基层党组织的行动能力大大加强。更为可贵的是，忠魂不朽，山河长圆，薛家村的脱贫经验不仅具有特色，还具有可持续性和可推广性。

一、村史村况与贫困成因

薛家村位于湖南省常德市石门县西北部，隶属于石门县南北镇。区域面积 34.67 平方公里，村部距南北镇政府 15 公里，距离县城 130 公里，全村平均海拔 700 米。它地处南北镇东南部，东与潘坪交界，南与罗坪乡接壤，西与湖北省鹤峰县交界，北与清官渡毗连，是距离县城最偏远的一个村落。全村耕地面积 2713 亩，林地面积 37030.8 亩，森林覆盖率达 75%。村中最高峰为六塔山，海拔 1190 米，有一条溇溪穿村而过。年平均温度 15.5℃，无霜期 260 天左右；春迟冬早，雨雾天气较多，气候垂直变化明显，茶叶、水稻是最主要的农作物。2020 年，薛家村有 2 个自然村（安家片、薛家片），18 个村民小组，309 户，980 人，全村均为土家族。现有村支部委员 3 人，县工业和信息化局和南北镇政府派驻村帮扶队共 3 人。

薛家村还是红色革命根据地。贺龙元帅 1927 年在湘西建立的第一个县级苏维埃政府驻地贺家台距离薛家村仅有 1000 米。1930 年 9 月 11 日，有 68 位红军战士为掩护大部队撤退，在与敌人顽强战斗至弹尽粮绝后于剪刀峡集体跳崖牺牲。1932 年 3 月，时任中共澧县县委副书记李光文在进行革命活动时被国民党抓捕，杀害于下河屋场。

2015 年，薛家村扶贫建档立卡共 73 户 241 人，五保户与低保户有 87 人，因贫离异 22 户，30 岁以上未婚男人 41 人，村内人均收入不足 2000 元。由于历史的原因和自然条件的制约，贫困面广、贫困程度深是薛家村的显著特点。具体而言，制约薛家村发展的因素主要有七个方面：基础设施滞后、产业结构单一、基层组织不强、集体经济缺失、生产技术落后、患病比例偏高、发展动力不足。2007 年之前，全村只有一条 5 公里的通村砂石路，没有通组公路。2013 年之前，薛家村只有一座简易木桥，没有石桥；连户路、产业路、机耕道等生产生活设施基本处于空白状态。由于矿物质严重超标，村民日常饮水只能依靠雨水。绝大部分村民家庭收入主要靠茶叶与外出务工，但茶叶品种单一、老化，每亩产量只有 500 千克左右，毛收入仅为 2000 元。虽然有个别农户从事畜牧养殖，但规模都相对较小，经济效益不明显，没有形成主导产业和特色品牌。由于当地湿度很大，中老年村民普遍患有风湿、骨质增生等疾病，不仅日常生产生活受到影响，家庭经济负担也因此加重。村民受教育程度普遍不高，且受传统的思维观念影响较深，不容易接受新技术、新事物。此外，村中党员平时农活多、外出务工比例大、活动场所缺乏、经费保障不足，基层组织活力不足。彼时村庄也没有集体经济，村庄公共事务没有抓手，村庄发展缺少动力。

二、扶贫举措与特色经验

2013 年王新法涉水过溇溪时，看到的就是这样的薛家村：基础设施落后，路桥不通，有能力的青壮年大多外出务工，基层党组织乏力，村中暮气沉沉，沉疴难起。王新法是退伍军人，2013年 7 月从石家庄市公安局退休后投身扶贫工作。他辗转全国多地考察，最后选择了湖南省石门县南北镇薛家村作为开展扶贫工作的突破口。薛家村曾是革命烈士牺牲的地方，对他有特殊的吸引力。王新法带领他的军人脱贫团队，以兴建"山河圆"烈士陵园为切入点，带动当地群众葬英魂、革陋习，修路桥、促义工，兴产业、助创新，牵小手、树新风。村庄、政府和社会三方力量因此汇聚，薛家村的精神风貌为之一变，新兴红色旅游资源与当地青山绿水和土家特色文化相结合，新引入的岩蛙养殖产业、特色旅游业以及传统茶叶产业水乳交融，形成了良好的产业互补和循环。王新法本人于 2017 年因劳累过度，倒在他为人民群众兴建的第六座石桥上，后被葬入了他带领群众修建的"山河圆"烈士陵园。他牺牲之后，学习"新法精神"成为湖南省乃至全国开展扶贫工作的广泛倡议，薛家村也成为常德市及湖南省党性教育基地。

（一）葬英魂，革陋习

薛家村剪刀峡下有 68 位壮烈牺牲的烈士遗骨散落青山之中，无人收葬。王新法得知后心中难安。他和村两委以及驻村干部反复商议，制订了修建"山河圆"烈士陵园的初步规划，计划利用六塔山上村集体所有的 319 亩荒山修建一座烈士陵园，分为烈士墓和公墓两个区域，以安葬遗骨，祭奠先烈，传承精神；同时在陵园栽种油茶，绿化荒山，提供油料，发展产业。

为此，县乡两级政府先后投入了 100 多万元资金修建了通往"山河圆"的 7 公里盘山公路和陵园基础设施，县民政局也配套了专门资金在薛家村推行移风易俗殡葬改革试点工作。王新法个人捐资 12.5 万元，购买红色绸缎、上好木料和 3.5 万株茶苗。薛家村村民则在一个星期内绣制五星红旗 68 面，一个月内赶制了68 副寿材，自发捐赠名贵树苗 3000 株，不计酬劳义务种植茶树苗 3.5 万株。2014 年 3 月 31 日，县乡村干部及群众共有 500 余人在六塔山举行了"山河圆迎英烈回家仪式"，68 位烈士的遗骸顺利移入烈士陵墓，英烈之魂得以安置。

薛家村是土家族聚居村，土家族奉行厚葬薄养，讲究葬坟风水。老人过世都选择葬在房屋周围上好的田地里，出殡之前还要做法事，宴请亲朋。这不仅耗费大量的钱财，还占用宝贵的土地。村民虽然对此有所认识，也赞同王新法提出迁坟设想和殡葬改革，但没人带头。2014 年 5 月，村里单身村民孙大红去世，家里无钱安葬，也无人帮忙料理丧事。王新法主动承担了丧葬费，并同村委一起号召全村党员义务帮忙,最终将孙大红送上六塔山,葬在山河圆公墓。此事在村里引起强烈反响,村民的观念也慢慢发生了改变。之后,87岁的刘伏元老人主动要求家人在其死后将她葬在六塔山,并积极向村民宣传王新法的行为、理念。王新法的一位患有癌症的战友听说殡葬改革推行不顺,弥留之际嘱咐家人将其葬于山河圆,以支持战友,倡导新风。薛家村村民被这些事件触动,部分村民主动将祖先坟墓迁至山河圆公墓。

2016年11月,薛家村与常德经济投资建设公司合作开展生态旅游。旅游开发涉及迁坟。在村两委和王新法军人团队的号召下,只用19天时间,共迁出坟墓71座。每迁出一座坟,村两委干部、驻村干部、王新法都亲临现场鞠躬致敬、扶棺悼念;30多名外出务工村民专门回乡参与迁坟;3位木匠师傅不计报酬,免费为所有迁出遗骨制作寿材。至此,薛家村移风易俗殡葬改革第一阶段工作顺利完成。

山河圆陵园不仅是悼念英烈,激发村民发展斗志的精神源泉,也是推进土家族殡葬改革的重要载体。随着殡葬改革的进行,村民的其他一些陋习也得到革新:红白喜事不再大操大办,人情彩礼不再高企不下,赌博酗酒得到根治。如今的薛家村道路干净整齐,垃圾分类投放,邻里和谐相处。山河圆陵园"请烈士回家",它不仅请回了烈士遗骨,还成为全村人的精神寄托和心灵归依。

(二)修路桥,促义工

2014年年初,"山河圆"项目基本完成之际,村委干部、驻村工作队和王新法启动了下一阶段的扶贫工作。他们花了两个月时间,跑遍全村的沟沟坎坎、山山水水,达成了"薛家村要脱贫,改善基础设施是关键"的共识。修路、建桥、改水等基础设施建设成为薛家村脱贫攻坚的"头等大事"。

农村基础设施是改善农业生产、农民生活和农村生态环境的基础条件，也是促进农业增产、农民增收、农村发展的物质保障。薛家村地处大山深处，长期以来交通不便。2007 年，薛家村依靠政府的基建项目支持以及当地矿产公司的赞助，共筹措到 110 万元购买建筑材料，村民出义务工硬化了通村道路 4.9 公里。之后三年，政府投资陆续修建通组公路。但村民出行难的问题还是没有得到彻底解决。

例如安家片，它地处薛家村纵深处，穿村而过的溇溪将它隔离于外界。由于没有桥，村民平时外出只能蹚水出村，村民种植的茶叶也不方便采摘，需要加价才能雇到工人。2014 年 5 月，王新法开始筹划在安家片修建七座石桥，以方便村民出行，增强与外界的联系。同年 6 月，王新法将自己的住所由薛家村搬至安家村，与村民同吃同住，由军人团队出资 3.3 万元购买建桥所需的钢筋、水泥、砂石等原料，由王新法带领村民投工投劳，自行建设。仅用 4 个月就建起了安家村第一座桥——连心桥。王新法去世之前，安家村总共修建桥梁 6 座，第七座桥正在规划之中。

修路架桥的过程中，安全、设备、技术、资金、劳力每一项都对工程的进展成败至关重要。若外包给基建公司承建，则面临筹资困难、村民难以负担等问题；若组织村民自己建设，则存在安全风险、设备缺失、技术不足等问题。薛家村在艰难困境中选择了自力更生、自主发展。

2014 年 10 月，在修建下河公路时，沿线到处都是悬崖陡壁。修路工程由于资金有限，难以聘请专业的爆破手打钻爆破，工程陷入停滞。村委干部主张将工程外包，王新法认为如果将工程外包，不仅要花费大量资金，也会影响项目的推进。王新法建议号召村民自力更生、通过义务投工投劳的方式开山修路，并拟定一份生死状："为给我及家人的生活、生存找到一条出路，为让我们的子孙走出大山，我自愿参加'与民共富军人团队'进行的开山、修路、架桥工程，如出现不测，绝不给人添责，特立此嘱。"王新法第一个签字按下手印。在他的感召下，现场 17 名干部群众全都签名按印。最终，全体村民投入义务工 3000 多个以较短的时间、极低的造价修建了 5.5 米宽 4.5 公里长的下河公路，甚至一些邻村村民也来参与义务帮工。

除了交通不便外，薛家村村民还面临用水困难的问题。薛家村另一个自然村薛家片长期受此困扰，其中 6 组的饮用水含磷严重超标，村民日常用水全靠雨水。2014 年秋，为了解决饮用水问题，村委干部和王新法翻山越岭寻找水源；还有 12 个平均年龄63.7 岁的村民主动加入施工队伍。干部群众一起用了 25 天时间，修建了两个 50 立方米的蓄水池，铺设了 5000 多米输水管道，不仅解决了全组 19 户人的饮用水问题，还保证了近 100 亩茶园的灌溉用水。

在王新法及其他党员干部亲力亲为、无私奉献的影响下，薛家村逐渐形成义务投工投劳的善义之风。2014 年至今，百姓主动义务投工投劳超过 10000 个工日。这不仅降低了基础设施的建设成本，也实现了村民的心愿，促进了村庄的基层治理。党员干部的向心力、战斗力显著提高，村支两委的凝聚力、号召力不断增强，群众等、靠、要的思想观念明显弱化。

（三）兴产业，助创新

发展产业是实现脱贫的根本之策，产业是兴村富民之本。薛家村为落实"村有主导产业，户有增收门路"的产业发展方针，最终选择了茶叶作为主导产业，以提质增效为目标，以换种升级为突破口，打造了有机生态茶产业，并将其与村中已有的红色旅游资源和本土旅游资源相结合，推动了产业互补和循环。

茶叶是薛家村种植时间最长、种植面积最广的经济作物。但由于品种老化、机械化程度低，产量一直偏低，经济效益差，不能稳定持续地增加村民经济收入，影响了薛家村脱贫攻坚工作的整体进程。

为培育薛家村的主导产业，增加村民的经济收入，村委干部和王新法在2014年5月开始联合县茶叶办进行茶树升级改造、新品种引进等工作，定期邀请专家为茶农提供栽培管理、病虫害防治等实用技术培训，并在引种成活后，积极向村民推广新品种、新的种植模式。经过五年的发展，王新法创立的与民共富军人团队带领村民成立了薛家村（土家族）共同富裕合作社和茶叶专业合作社，发展新茶苗1500亩，与湖南高校茶叶专家团队合作成立湖南五行缘农业科技公司，注册了"名誉村长"茶叶商标，将"素点茶系列""功能茶系列""精制茶系列"推向市场。薛家村的茶叶产业实现了小农户与大市场的对接，茶园成为村民的绿色银行。更为巧妙的是，新开发的茶园适宜开展生态旅游，可以与"山河圆"红色旅游以及土家族特色村寨旅游资源相结合、相呼应，而之前修建的路桥也解决了山高路远、商旅难行的问题。

此外，在推行新品种、发展新模式的过程中，村民的经济收入得到了提高，思想观念也得到了革新。案例 1 中的曾德平和案例 2 中的田科军的故事很好地展现了这一转变过程。

案例 1　曾德平的试验田

村委干部和王新法在推动改种提质时遭遇了重重障碍，其中最难的是转变村民的思想观念。虽然村民们看到了改种有机茶，走生态产业道路前景可能更好，但技术困境、市场风险以及暂时的利益损失都让村民们犹豫不决，举棋不定。为了消除他们的后顾之忧，真切体验到现实利益，村委干部和王新法一方面组织村民去湘西、重庆参观考察当地的有机茶，通过现场教学、案例讲述、对照比较等方式让村民全面细致地了解两种发展模式的区别差距，另一方面聘请农技专家田间地头教学，手把手地指导村民。同时还大力号召党员干部带头先试先行。原党支部书记曾德平属于种茶能手。他最初武断地认为王新法推行新式茶叶搞不成，因为不打农药、不用化肥、不用除草剂、利用自然气候避害、从四季采摘变为一季采摘，会使人工投入增加、产量下降。王新法和他彻夜长谈，以党员身份要求他主动带头参与示范，并承诺提供每亩 1.5 万元的兜底资金，鼓励他进行实验。经过两年的实验，曾德平的有机茶改种成功，产值由 2000 元 / 亩提升为 7000 元 / 亩。

案例 2　田科军的黄金茶

田科军，43 岁，单身，2014 年确定为建档立卡贫困户。他通过改种有机茶，现已脱贫。在政府宣传推广改良茶苗时，田科军很抵触。因为家底不厚，经不起折腾，他不愿意栽种新茶苗，担心新茶苗投入大、见效慢、效益差、技术难以掌握、市场前景不明确。王新法以好朋友的身份鼓励和支持田科军进行茶叶种植新法的探索和尝试。田科军通过一位上技校的亲戚学会了利用智能手机上网，他开始查找新品种，问询生产技术，发现湘西推广种植的黄金茶2号发芽密度大、整齐，产量高。但苦于资金压力，他无钱进行实地考察，也没有渠道引种实验。王新法了解这一情况后，主动出资带田科军一起去实地参观，并尝试少量引种。经过两年实验，黄金茶2号适应薛家村地理环境，田科军扩大了种植规模。2018年，黄金茶开始采摘，最高单价达到1000元/斤。田科军凭借有机茶在2018年成功脱贫"摘帽"。村委会的大力扶持和王新法的尽心帮助让田科军克服了等、靠、要的思想，充分发挥了自己的主观能动性，"一根筋"地钻到茶叶试验和生产中。当问及脱贫致富最重要的原因时，田科军底气满满地说，"靠自己"。而当提到未来规划时，田科军说，"我每年都要去一两次湘西，去考察茶叶的种植。如果遇到更好的茶叶品种的话，我也会继续改良。"

上述案例生动地展现了扶贫工作中扶志与扶智工作的重要性。将扶贫与扶志相结合，可以调动群众的积极性和主动性，引导群众树立主体意识，发扬自力更生精神，激发改变贫困面貌的干劲和决心，变"要我脱贫"为"我要脱贫"，靠自身努力改变命运。

（四）牵小手，树新风

薛家村是土家族聚居村，有独特的土家族文化。这既是薛家村脱贫致富谋发展的优势所在，在某些情况下也成了制约其发展的因素。除厚葬的殡葬传统外，薛家村曾经赌博酗酒，靡然成风，村民的精神面貌受到了严重影响；高礼金、高彩礼、高开销等习俗难消，村庄的内生发展动力被无谓消耗。

自 2014 年开始，薛家村在村委会的发动下，在"与民共富军人团队"的大力支持和积极参与下，探索"自我教育、自我发展、自我监督、自我管理"的"四自管理"模式，计划通过实施"违规赈酒"治理、建设以村规民约、家风家训为内容的厅堂文化，开展乡贤能人评选培育，强化河道管理和环境卫生整治等措施，净化村风、民风。

早在 2018 年 3 月，习近平总书记在参加山东代表团审议时就强调要"培育文明乡风、良好家风、淳朴民风，改善农民精神风貌，提高乡村社会文明程度，焕发乡村文明新气象"。但乡风难改，积习难除，这也是脱贫攻坚过程中大部分基层干部面临的难题。王新法敏锐地发现，要改变薛家村的村民民风，需要从孩子抓起。"改变不了大人，那就从娃娃开始改变。"在村委干部的支持下，王新法花费 17 万元购置 50 台摄像机，给每一名孩子配备一台摄像机和一个书包，开展"我看是非·我看美"活动。活动要求孩子们将每天所看到的好人好事、坏人坏事都记录下来，每周六下午，定期在"与民共富军人团队"指挥部进行交流评比。王新法和退休老教师覃事琼、乡贤名人曾德美逐一点评，既评价作品拍摄的水准，又依托录像内容对村民行为进行评价和教育。

通过"我看是非·我看美"活动，薛家村儿童的摄影能力、写作能力和表达能力得以提升。他们通过自己的亲身实践，接受了良好的品德教育，塑造了文明向上的人生观、世界观、价值观，成了明辨是非的好孩子。村民们在儿童的影响下，也开始逐渐规范自己的言行举止，诸如"乱倒垃圾，天天打麻将，婆媳吵架，乱砍树木，用电打鱼"等之前司空见惯之事，现在都成了村民们唾弃之举。薛家村的家风民风逐渐转变，"文明乡风、良好家风、淳朴民风"的建设得到持续有效的推进。这个活动教育了孩子，再通过孩子影响了大人，以小手牵大手，小行为引发大转变，促进了薛家村的乡风文明建设。

为了更深入、持久、有效地加强村风民风建设，王新法和村两委组织编写了通俗易懂的村规民约；号召党员同志发挥先锋模范带头作用，主动遵守，自觉规范自己的言行；每月初四定期组织农民学习中央精神；严禁赌博；垃圾分类；组织"最美媳妇"评选等。正是通过一系列活动，薛家村的偏风陋习被逐渐扭转，村民思想习惯逐步转变，村庄焕发出了新的气象。2016 年，有 3 位村民主动提出退出享受低保，17 名村民回乡捐款 1 万多元用于村级建设，不少百姓还争当薛家村的"名誉党员""名誉村民"，弘扬了正能量。2016 年薛家村获得"省级文明村"的称号，2017 年又获得"国家级文明村"的殊荣。2019 年，薛家村在村部大楼后面建设"三个之家"，即老年日间照料中心、留守儿童之家、退役军人之家，预计总投资 215 万元，占地 600 平方米，建筑面积 925.68 平方米，让村民们老有所养，幼有所依。

通过积极培育文明乡风、良好家风、淳朴民风，增强乡村精神内核建设、筑牢精神文明基石，薛家村实现了精神文明和物质文明的同步发展。

（五）树典型，迎发展

"消除贫困、改善民生、逐步实现共同富裕，是社会主义的本质要求，是我们党的重要使命。"① 在脱贫攻坚过程中，涌现出来很多典型人物和榜样标兵。党员王新法就是其中之一。

石门县委、县政府一直注重对王新法个人事迹的宣传推介工作。2014年3月31日举行"山河圆迎英烈回家仪式"时，县委宣传部主动对接《湖南日报》常德分社，组织专人开展专题报道。王新法当选常德市第七次党代会代表，先后获得"中国助人为乐好人""湖南省百名最美扶贫人物""感动中国之感动湖南人物""常德市助人为乐道德模范""2015年度常德十大新闻人物""常德市优秀共产党员""2016年度感动常德十大人物""石门县十佳脱贫攻坚功臣"等多项荣誉。

2017年2月23日，王新法因劳累过度，突发心肌梗塞，不幸牺牲在脱贫攻坚第一线，享年64岁。王新法牺牲后，湖南省省委书记杜家毫、河北省省委书记赵克志均作出批示，高度评价王新法的信仰担当，号召两省干部向王新法学习。湖南省省委追授王新法为"湖南省优秀共产党员"，省扶贫办授予王新法"湖南省扶贫模范"，国务院扶贫办授予王新法"全国脱贫攻坚模范"等荣誉称号。

为教育引导党员以王新法同志为镜，锤炼党性，强化意识，勇于担当，确保王新法事迹得以传播，精神得以传承，2017年3

---

① 中共中央党史和文献研究院编：《习近平扶贫论述摘编》，中央文献出版社2018年版，第13页。

月 20 日，石门县县委干部教育工作领导小组将薛家村确定为石门县党性教育基地；2018 年 4 月 3 日，常德市市委干部教育工作领导小组将薛家村作为常德市党性教育基地，进行重点建设；2018 年，薛家村获评"湖南省社会主义核心价值观建设示范基地"。

党员谢森作为"薛家村与民共富军人团队"的一员，自 2015 年起和王新法一起常驻薛家村，协助王新法开展脱贫攻坚工作。王新法牺牲后，她作为"与民共富军人团队"的负责人，义务担任了党性教育基地讲解员，向外推广王新法的先进事迹，参与协调薛家村的后续建设。2018 年被评为"湖南百名最美扶贫人物"。

王新法牺牲后，薛家村村委干部秉承遗志，利用本地山水资源发展有机茶叶、岩蛙养殖等生态产业，依托易地搬迁发展土家民宿旅游业，以王新法党性教育基地、"山河圆"为依托，开发红色文化产业，形成了三大产业品牌。

一是大力发展茶叶产业，重点在提质增效上发力。通过倡导有机、生态理念，对茶园进行提质改造，积极推广茶叶发展新模式。2019 年 10 月 20 日，薛家村共富有机茶厂开工，采用村企共建模式，打造茶业深加工产业链，推动茶旅融合产业发展，实现茶叶产业和乡村旅游发展双丰收，助推乡村振兴。2014 年至 2020 年，薛家村共提质发展茶叶 1500 亩，平均每亩收益 4500 元，年产值达 450 万元，惠及 260 余户，户均茶叶纯收入 7000 多元。

二是大力发展旅游产业，重点在红色旅游上发力。依托"山河圆""剪刀峡"等红色资源，开发爱国主题教育；依托"王新法党性教育基地"打造党性教育样板；凭借易地扶贫搬迁修建的新式土家风格房屋，发展民宿旅游；以下河片区 19 栋土家传统木屋为基础，投资 1000 多万元建设"里山居"休闲度假村及康复疗养基地。旅游产业以"特色小村＋红色旅游＋党性教育＋田园民宿"为定位，整合"绿色、红色、本色"资源，融入全县全域旅游发展建设，推动红色旅游和休闲度假、康养等项目的发展。2017 年至今，共接待游客 50000 余人次，带动 30 余户贫困户每年增收 10000 元。

三是大力发展特种产业，重点在优势特点上发力。薛家村积极融入全县特色种养产业发展规划，明确地理标识，发展壮大薛家村岩蛙、黄粉虫养殖等特色产业。岩蛙养殖基地位于薛家村安家片 8 组，占地面积 15000 平方米，共规划建设高标准生态岩蛙驯养池 80 个，食品加工生产车间 1 座，储藏冷库 3 座，养殖规模 40 万只，是目前全国最大的单体岩蛙养殖基地。自 2018 年开始进行试养，到目前各项技术已成熟，2020 年出产岩蛙 2000 千克，产值 40 万元，存栏 6 万只，繁育蝌蚪 10 万尾，预计 2021 年可以正式全面投产，完全建成投产后预计可年产岩蛙 5 万千克、三文鱼 2 万千克，基地每年收入可达 500 万元左右。岩蛙养殖产业秉承了王新法与民共富的精神，结合现代企业经营管理理念，在全县范围内率先实行"国企帮扶、村企共建、农民入股、与民共富"的模式。该项目开展订单农业，引导周边农户进行黄粉虫养殖、南瓜和胡萝卜种植为岩蛙提供饵料，使农民与公司形成长期的利益联结机制，进而带动周边 100 户以上农户就业，拓宽增收致富渠道。

根据独特的资源禀赋和环境资源，薛家村以茶叶产业、旅游业、岩蛙养殖业为抓手，探索出一条绿色、有机、可持续的产业发展道路。这既有利于拓宽村民在本地就业创业的途径，也促进了品牌优势的形成、培育了新型经营主体，加快了人力资本的积累和人才培养，带动了智慧、资金、技术等要素向薛家村聚集，奠定了薛家村特色发展、绿色发展、长远发展的模式。

三、脱贫成就与保障机制

2014 年以来，在地方各级党委政府的大力支持，村两委扶贫干部的坚强带领，"与民共富军人团队"的全力协助，全体村民的共同努力下，薛家村完成了一系列基础设施建设，有力地促进了硬件设备的提升和村容村貌的改观。新修道路 17.2 公里，新建机耕道 4 公里，投资达 1700 余万元；修建普通人行桥 7 座，混凝土结构名誉村长桥 1 座，投资达 120 余万元；铺设安全饮水管网 85000 米，修建蓄水池 1500 立方米，实现了家家户户通自来水，投资达 80 万元；全面完成了电力升级改造，新增 200 千伏变压器一台，原有两台变压器增容至 100 千伏，新架设高压线路 4 公里，低压线路改造 21 公里，投资达 50 万元；修建了一个 60 千伏的光伏电站，于 2018 年开始投入使用，每年可增加集体经济收入 6 万元，设计的使用期限在 20 年左右。新建了集中安葬 68 位红军烈士的"山河圆"，投资达 100 万元；全面完成易地搬迁安置 27 户、危房改造 16 户，投入财政资金达 300.5 万元；完善了村级服务平台、村民活动中心及旅游基础设施项目建设，建筑面积达 1500 平方米，完成财政投入 600 多万元。薛家村于 2016 年实现脱贫摘帽，2014—2018 年脱贫 68 户 224 人，目前仅剩 1 户 2 人兜底对象，贫困发生率仅为 0.20%。人均纯收入从 2014 年的 2000 多元提高到 2018 年的 7720 元。薛家村脱贫攻坚过程中的投入产出具体情况见表 1-1。

表 1-1 薛家村基础设施投入产出具体情况

单位：万元

序号	项目名称	建设时间	投入资金或设备	项目内容	项目进度	资金来源
1	安全饮水	2009 年	80	铺设安全饮水管网 85000 米，修建蓄水池 1500 立方米	已建成投入使用	整合争取的资金
2	七座桥梁	2015—2016 年	20	王新法生前组织建设 6 座小桥梁，含名誉村长桥共七座	已建成投入使用	扶贫资金，整合争取的上级资金
3	电网改造	2016 年	50	新增 200 千伏变压器一台，原有两台变压器增容到 100 千伏，新架设高压线路 4 公里	已建成投入使用	电力部门
4	安置点建设	2016 年	185	马头河安置点有易地扶贫搬迁户 10 户，下河片同步搬迁户 6 户	已建成投入使用	扶贫资金、县经投公司
5	村部及接待中心	2017 年	270	建设三层楼房一栋，占地面积 500 平方米，建筑面积 1450 平方米，一楼为办公区域，二楼、三楼共有住宿房间 17 间	已建成投入使用	整合市县各部门拨付的党性教育基地建设资金
6	生态停车场	2018 年	94	占地面积 8 亩，设计停车位 40 个	已建成投入使用	县文旅投
7	王新法先进事迹展览馆、王新法实物陈列室	2017 年	195	王新法先进事迹展览馆主要从党员、军人和扶贫工作者三角度建有三个展厅，展览馆建筑总面积 500 平方米，可同时容纳 200 人开展活动；王新法实物陈列室建筑总面积 480 平方米，可同时容纳 200 人开展活动	已建成投入使用	整合市县各部门拨付的党性教育基地建设资金

表 1-1　薛家村基础设施投入产出具体情况

序号	项目名称	建设时间	投入资金或设备	项目内容	项目进度	资金来源
8	党员学习室	2017年	60	党员学习室位于薛家村村部一楼，建筑总面积120平方米，内有电子显示屏、音响等设施，可同时容纳100人开展活动	已建成投入使用	整合市县各部门拨付的党性教育基地建设资金
9	名誉村长桥	2017年	71	该桥为5米宽32米长箱梁式混凝土结构桥梁	已建成投入使用	县扶贫资金及一事一议资金（5万元）
10	新法路	2017年	1460	为5米宽的沥青混凝土路面，全长8.2公里	已建成投入使用	县级扶贫资金
11	岩蛙养殖基地	2017年	1200	占地总面积15000平方米，计划总投资1200万元，设计产能年产岩蛙10万斤，三文鱼4万斤，饵料养殖40万斤，青饲料160万斤，年产值2000万元，可带动当地100户300人从业	目前养殖规模达10万只	县经投公司
12	光伏电站	2017年	50	60千瓦级别电站	已建成投入使用	扶贫资金、县发改局
13	安家河堤	2018年	180	整治河堤1300米，建筑结构为浆砌混凝土，浆砌及干砌结合型护坡	已建成投入使用	县水利局、县国土局
14	山河圆	2018年	250	山河圆位于海拔1190米的薛家村六塔山顶端，划分为烈士、军人、村民三个区域，占地面积380亩	目前已完成的建设包含山顶简易道路、顶部停车场、王新法墓地基础平整、少量绿化等	县民政局殡葬改革资金

表 1–1　薛家村基础设施投入产出具体情况

续表

序号	项目名称	建设时间	投入资金或设备	项目内容	项目进度	资金来源
15	村部桥梁	2018年	140	为5米宽30米长的箱梁混凝土结构平板桥梁	已建成投入使用	县级扶贫资金
16	连心路	2018年	120	为4.5米宽的水泥硬化路路面	目前已完成路基建设和招投标	暂无资金来源
17	三个"之家"	2018年	215	三个"之家"（老年日间照料中心、留守儿童之家、退役军人之家，占地面积600平方米，建筑面积925.68平方米，为两层框架结构	目前已完成第二层主体建设	县民政部门整合资金
18	吊桥	2018年	70	为2米宽30米长的钢索结构吊桥	已建成投入使用	县文旅投公司
19	下河道路	2019年	1574	全长3.58公里，设计等级为等外公路。路基宽度4.5—6.0米，路面宽度3.5—4.5米，全线采用沥青路面	已完成道路垫层	县交通局
20	马头河河堤	2019年	35	整治河堤350米，混凝土浆砌结构	已建成投入使用	县发改局资金、整合争取的资金
21	薛家共富有机茶业有限公司	2020年	600	为村集体茶叶	已竣工，2021年正式投产	省扶贫资金、县扶贫资金500万元。壶瓶山茶叶公司100万元

资料来源：薛家村村委会提供。

薛家村之所以能够取得上述脱贫成就，离不开以下四个方面的保障机制：

第一，激活配优村两委班子，夯实基层组织领导力量。薛家村支村两委现有干部 5 人，其中大专以上文化 1 人，30 岁以下 2 人，班子的年龄结构得到了优化。成立了薛家村党员先锋队和青年志愿者团队，让全村党员和青年同志加入到薛家村的建设发展中，义务投工投劳，充分发挥了党员和青年同志的先锋模范作用。薛家村村级综合服务平台已建成，设有党建工作室和党员活动室，党建资料专柜专盒管理，党建资料齐全。薛家村组织党员先锋队和支部党员坚持每月开展"主题党日"活动，坚持执行"三会一课"等基本制度。

第二，发掘现有村庄资源，整合不同产业协力发展。薛家村依托"山河圆"烈士陵园、王新法党性教育基地发展红色旅游，并将其与土家特色的民宿旅游、易地搬迁安置点建设、生态有机茶园的绿色旅游相结合，有效地拉动了全村经济发展。通过组织技术培训、定期农民学习日，村民掌握了有机茶叶种植、岩蛙养殖等现代技术。岩蛙养殖基地的岩蛙也成为民宿旅游的特色产品。

第三，重视村集体收入，积极为村集体拓宽收入来源。目前村集体的经济来源主要包含四部分：一是上级的拨款；二是村部大楼的接待收入；三是光伏发电收入；四是岩蛙基地的收入。2020 年，薛家村共接待红色旅游游客 3 万人次，直接产生效益达 300 万元，大大缓解村集体日常运行的经济压力，并使村庄的凝聚力得到加强，公共事业建设有了坚实的后盾。

第四，树立典型，倡导新风，将物质文明建设与精神文明建设结合起来。党员王新法作为薛家村脱贫攻坚的带头人，敏锐地发现了扶贫、扶志、扶智三者结合的重要性。无论是修路架桥、发展茶叶产业还是岩蛙养殖业，薛家村的扶贫工作队伍都注重启发群众的积极性和能动性，提倡义务工，转变不良的陋习陈俗，让人民群众投身到火热的脱贫致富事业之中。村民的民宿行业已经开始筹建理事协会，推选出 5 位代表，由村民来统一管理民宿旅游业。全村党员更是身先士卒，吃自己的饭，做村里的事，义务出工，加强村里的基础设施建设，社会主义核心价值观得到了充分体现。

四、建议与讨论

薛家村脱贫攻坚的案例有其特殊性。王新法作为典型人物在其中起到了重要作用。他为薛家村创造了前所未有的红色旅游资源，改变了薛家村的精神风貌。"山河圆"烈士陵园项目所带来的影响，不仅仅是物质层面的红色旅游收入，还有伴随而来的民风民俗的改变。他签下的生死状、倡导的义务工、弘扬的新风尚，在薛家村生根发芽。在他之后，他的战友谢淼接过了军人团队的大旗，继续战斗在扶贫攻坚的第一线，并将目光投向了村庄的长远发展。

从这个意义上讲，我们同意这样的说法，"薛家村的案例是不可复制的，因为世上只有一个王新法"。但新法精神是可以被学习，被效仿的。这也正是我们讲好扶贫故事，总结案例经验的意义所在。薛家村的案例为我们至少提供了以下三方面的经验：

第一，要注重创新资源，多方位发展。在王新法修建"山河圆"烈士陵园之前，村中的百姓并非不清楚烈士的事迹。王新法

"请烈士回家"，不仅是因为他作为退役军人对战友抱有的情谊，而且也看到了红色旅游能够为村庄带来生机。同时需要注意的是，在乡村旅游已经泛滥，村村户户都做民宿的大环境下，薛家村敏锐地发现旅游需要有自己的特色。对薛家村来说，这个特色就在于薛家村的旅游业实现了红色、绿色和土家本色相结合，与茶叶相结合，与特色农产品（岩蛙）相结合。资源有创新，产业拧成一股绳，薛家村如同坐上了高速列车，短短时间就发生了翻天覆地的变化。

第二，要树立典型人物，可持续发展。每个村庄都需要有核心凝聚力。在薛家村，核心凝聚力主要体现在王新法这个典型人物身上。当王新法不计报酬为民办实事时，政府及新闻媒体的关注就开始投向薛家村。在党领导的脱贫攻坚战中，这种关注具有资源的汇聚效应。地方各级政府都加大了对薛家村的扶贫资金投入。从数量上看，王新法个人对薛家村无私奉献的金额并不特别巨大，虽然这已经是他全部的退休工资以及历年积蓄（68万元），但他生前逝后带动和撬动的资金总额达到了3000多万元，更不用说因为王新法，薛家村成为党性教育基地之后还可持续不断地获得的上级政府的各种投入。

第三，要倡导新风建设，实现自我发展。党的脱贫攻坚战略能够为村庄提供教育、医疗、住房、基建、产业扶持、就业培训等一系列政策支持，但村庄要脱贫，还是需要转变群众的思想观念，鼓励他们积极发挥自主性。薛家村传统茶叶产业的复兴，虽然离不开党和政府的茶苗补贴、技术培训、实地考察等系列活动的推动，但还是因为村民观念发生了转变，进行了探索和创新，才让传统茶叶产业焕发了生机，旅游业、养殖业等才能够顺利推行。从娃娃入手，多管齐下改变村庄精神面貌，是薛家村为我们扶贫工作贡献的重要经验。

综上所述，在中国的扶贫道路上，其他村落或许没有王新法，也没有特色资源，但薛家村的产业融合发展模式、精神文明与物质文明同步建设的发展思路、王新法同志的无私奉献精神完全可以借鉴。

（本案例执笔人：汪淳玉　杨虎　董怡琳　汪明昊）

案例点评

　　由于贫困程度深、脱贫动力不足、自然条件制约等因素，长期以来，薛家村的发展既无抓手，也无起色。2013年，河北干警共产党员王新法退休后来到薛家村义务扶贫，在他的引导和奔走下，薛家村村民主动拔穷根、改陋习；在他的帮助和协调下，村两委干部积极干产业、改村容。在王新法同志因劳累过度，突发心肌梗塞，牺牲在脱贫攻坚第一线后，新法精神的继承者谢森、王新法的女儿王婷等继续和全体村民一起奋斗。薛家村现在已经成为一个红色教育资源丰富、主导产业特色鲜明、生态旅游前景广阔、村风民风淳朴，集党性教育、与民共富、美丽乡村、乡风文明于一体的模范性村庄，并被石门县、常德市确立为党性建设基地。薛家村的脱贫历程表明，精神脱贫与物质脱贫同等重要；一名真正共产党员的使命担当和人生意义使村庄发生了翻天覆地的改变。在建党百年，我们需要继续传承和发扬王新法同志的奉献品格和担当精神。

　　　　　　（案例点评人：杨虎，中国农业大学人文与发展学院）

第二章

文坡村：

巧手织锦绣，侗寨换新颜

进入 21 世纪以来，中国的贫困主要表现为区域性贫困，其中大部分未脱贫人口集中在"三区三州"等深度贫困地区。这些地区共同的特点或者是自然生存环境恶劣，或者是基础设施薄弱、交通偏远不便。文坡村是一个地处湖南西南边陲的少数民族村落。这个以农业为主的侗族村落也是贫困人口多、脱贫攻坚任务重的深度贫困村之一。为了高质量打好、打赢脱贫攻坚战，文坡村坚持党建引领，巧妙结合民族文化、集体经济和优势产业，多措并举，走出了一条特色减贫之路。

一、村庄概况

通道侗族自治县位于湖南省西南部，隶属于怀化市，是湖南、广西、贵州三省（区）交界处，自古以来就是通往大西南黔、桂两省的要道，因此得名通道县。全县总面积 2239 平方公里，总人口 24.17 万人，有侗、汉、苗、瑶等 24 个民族，少数民族人口占总人口的 88.1%，其中侗族人口占总人口的 78.3%，是湖南省成立最早的少数民族自治县。该县地处云贵高原东缘向南岭山脉过渡地带，雪峰山西南余脉延伸境内，分属长江、珠江两大水系。

文坡村位于通道县湘、桂、黔三省（区）交界点轴之地牙屯堡镇的北部。所在区域古时由十三个自然团寨组成，俗称"文坡十三寨"，又称"文坡里"。在 2016 年的行政区划改革中，该片的元现村、八毫村、树团村、绞坪村、枫香村五个行政村合并成为文坡村。全村总面积 22.1 平方公里，其中水田面积 2901.8 亩，旱地面积 900 亩，山林面积 25942 亩。种植业以水稻、水果、油茶、中药材为主，养殖业以生猪、牛、羊、鸡、鸭、稻田养鱼为主。该村共有 28 个村民小组，总人口 790 户 3185 人，其中党员 113 名。共有劳动力 1967 人，外出务工 740 多人，主要务工地为东南沿海地区和省内各市。文坡村自然环境优美，民风淳朴，素有"出不锁门，夜不闭户，路不拾遗"的美誉。同时，该村也拥有丰富的文化遗产，是大戊梁文化和国家级非物质文化遗产侗锦的发源地，粟裕将军的祖籍地。2018 年以来，文坡村被评为湖南省民主法制示范村。文坡村侗锦基地先后被评为国家级星创天地，湖南省巾帼脱贫示范基地。村里的枫香、元现两个古寨被评为全国传统村落保护村寨。现任村党委书记粟田梅同志被选为党的十九大代表，被评为国家级非物质文化遗产侗锦织造技艺传承人、全国三八红旗手。

二、文坡村的贫困状况及成因

文坡村 2014 年启动精准扶贫工作时，人均可支配收入仅为 2950 元，贫困人口比重非常高。全村共识别建档立卡贫困户 167 户 698 人，贫困发生率 21.9%。在贫困人口中，劳动力 438 人，占贫困人口的 62.8%。文坡村的贫困成因主要包括以下几个方面：

一是人地矛盾突出，地理资源禀赋较差且利用率低。文坡村地处云贵高原过渡地带，以山区地形为主，人均耕地面积仅 1 亩左右。全村涉及地域较广，通村主干道经过整个村庄延绵有 10 公里，主干道两边 2000 余亩农田和 1000 亩以上的集体林地，均没有得到有效开发利用。

二是属于典型的山区农业村，二、三产业发展匮乏。长期以来，少数民族文化形成的"孤岛"效应，使当地与外界在经济上的往来与互动较少。由于缺乏能人带动，经济发展路子少，除种养殖外，村庄没有发展起其他二、三产业，村集体经济收入多年空白。20 世纪 90 年代以来，在地或远距离务工经商成为帮助农户摆脱贫困的重要生计来源。但对于留在村庄的这部分人口（大部分为老弱人群）来说，不仅缺少主导产业，也缺乏人力资源和市场渠道，从农业中获得的收入十分有限。

三是基础设施滞后，公共服务欠缺。脱贫攻坚工作开展前，文坡村寨"烂棚烂架"遍布，路灯安装、道路硬化、消防人饮工程、综合服务平台、文体设施等项目建设滞后。由于集体经济匮乏，村集体缺乏改善村庄基础设施的财力。同时，村民发展的内生动力不足，对环境清爽工程建设、基础设施和公共服务建设缺乏热情。

四是基层组织战斗堡垒作用不明显。文坡村由 5 个村合并而成，各村村级基层组织基础各异，发展不平衡。党员在农村的创造力、战斗力没有充分发挥，村两委班子配备不强，缺乏致富带头人。农村党员先锋模范带动作用不明显。村庄乡风文明建设滞后，并且推进基层组织"五化建设"进度较慢。

三、文坡村的脱贫做法

近年来，文坡村坚持以党建统览发展全局，试点"村企合一"新模式，发展壮大集体经济，探索出一条"党建引领、集体发展、产业支撑、三治融合"的脱贫攻坚新路子，初步形成了以侗锦产业为核心，农业产业和乡村民俗旅游为两翼的良好发展格局。2018 年年底，文坡村顺利实现整村脱贫出列，村集体经济也在逐渐发展起来。

（一）精准发力、强化落实，筑精准脱贫基础

习近平总书记指出："脱贫攻坚贵在精准，重在精准，成败之举在于精准。"在打赢脱贫攻坚战的过程中，文坡村以精准扶贫为抓手，以精准脱贫为突破口，始终坚持因地制宜、因人而异、因势利导，做好各项扶贫攻坚工作，做到精准识别扶真贫，精准帮扶真扶贫。

一是精准识别到位。文坡村认真落实"六个精准"要求，严格按照"一超过、两不愁、三保障"的脱贫标准，认真开展精准识别"回头看"、全员信息核查、"四类人员"清理和动态调整工作。将符合条件的贫困人口及时纳入，不符合条件的及时退出，高质量完成了全村贫困户的精准识别和信息采集工作，做到了基础数据真实可靠，贫困对象识别精准，进退动态管理有效。

二是精准分析致贫原因。文坡村在摸清底数的基础上，用事实说话，用数据做支撑。村庄详细统计了各贫困对象的基本情况、劳动力情况、收入来源情况等，分门别类地归纳梳理出贫困户致贫的主要原因。

三是精准制定脱贫措施。文坡村在掌握贫困户脱贫需求的基础上，认真研究脱贫办法。针对不同致贫原因，分类实施脱贫政策，确保帮扶政策落实到户、精准到人，增强帮扶的效果。

（二）党建引领、党群联动，聚脱贫攻坚合力

在脱贫攻坚的过程中，文坡村努力把党的政治优势、组织优势和密切联系群众优势转化为脱贫攻坚优势，引领带动群众自力更生脱贫致富。

一是组织领航向。按照党支部"五化"建设要求，文坡村打破传统的基层党组织设置模式，建立基层党委，由党的十九大代表粟田梅担任党委书记，依托村集体企业"通道锦绣文坡旅游发展有限公司"。同时设立了公司党支部，将党支部建在产业链上，实现"经济组织发展到哪里，党组织就覆盖到哪里"，使党组织真正成为推动富民产业发展的坚强领导核心。目前，文坡村党委下设3个党支部，实现了对村企内8个专业合作社及公司的全覆盖，带动167户贫困户加入各类经济组织。依托党群服务中心建设党务、政务、村务、商务、社会服务"五务合一"的智慧党建综合服务平台，实现了党建工作的智慧化应用、智慧化服务和智慧化管理，构筑了技术到农家、政策入农户的"高速路"，开辟了民情收集、服务群众的"绿色通道"。

二是党员作示范。文坡村把"双向培养"融入日常，抓在经常——把致富能人培养成党员、把党员培养成致富能手。全村致富能人中7人被发展成为党员，5名党员被培养成为致富能手。例如，党员粟约刚负责丹参基地建设；村委会副主任李神环负责红薯基地；"80后"退伍军人、支委委员粟隆坤流转承包数十亩

稻田，成为远近闻名的种粮大户，等等。该村在脱贫攻坚中充分发挥党员模范带头作用，推行党员"微服务"模式，通过贫困户愿望提出、愿望公示、党员愿望认领的方式，帮助贫困户实现"微心愿"。同时，引领每一位党员联系帮扶1—2户贫困户，目前，全村113名党员结对帮扶建档立卡贫困户167户。通过引导基层党员创业、大户带头与贫困群众结成"致富共同体"，加快了贫困户脱贫步伐。此外，文坡村还积极开展"四支队伍集村部，干群同心攻脱贫"行动，建立四级会诊、三级化解难题工作机制。该机制充分调动联村县级领导和县直联村帮扶单位负责人、包村乡镇干部、驻村帮扶工作队队员、村支两委干部等"四支队伍"的积极性，将力量下沉到村到户，以抓好政策宣传、政策落实等工作。

（三）建立"村企合一"新模式，整合分散要素

"村企合一"发展新模式，是指村级政治组织（党支部或党委）、社会组织（村民委员会）和经济组织（企业）合三为一。"村企合一"模式的创新，整合了农村分散的要素资源，使之规模化，是资本、土地、劳动力和技术等要素进行合理配置的新尝试。

文坡村通过建强村党支部、建立村级公司，试点推进党建促脱贫"村企合一"发展模式。以村党支部为政治主体，以村级公司为经济主体，由县财政整合100万元资金注入村级公司"资金池"，依托农村"三变"改革（资源变资产、资金变股金、农民变股东），实行人头股、土地股、发展股、扶贫股、管理股、公益股"六股分红"。通过"村企双核带动""六股利益联结"，把

农民组织起来，走集体经营、抱团发展。该村以"村企合一"为载体，实现了以下三方面的变革：

一是要素集约化经营。以前，文坡村村民守着"绿水青山"，却找不到"金山银山"，许多人外出务工，家里的地无人耕种、不愿耕种，造成了大面积撂荒。面对这一窘境，文坡村抓住农村"集约化改革"这个关键点，通过创建锦绣文坡旅游发展有限公司，实行村企融合，全村资金统一管理，资源统一规划，产业统一发展，产品统一销售，改革红利统一分享。同时，通过集约使用政策扶持资金，撬动社会资本、金融资本，用好集体山坡荒地，流转农民承包经营土地，推动实现资源变资产、资金变股金、农民变股东。目前，已预流转耕地 3000 余亩，山地 1265 亩。

二是村企一体化管理。文坡村村级公司管理人员主要由村干部组成，实行双岗双责，村企一体化管理。公司建立了董事会，由村书记、非遗文化传人粟田梅担任董事长，并设董事 6 人、总经理 1 人、副总经理 2 人以及会计、出纳各 1 人。公司下设侗锦产业部、种植产业部、养殖产业部、劳务服务部等多个产业部，对接并管理相应的专业合作社。合作社吸引了全村大部分农户特别是贫困户参加。每个合作社设主任 1 名，技术总监 1 名，分区建成侗锦、黄桃、丹参、红薯、油茶、油菜等生产基地。此外，文坡村还建立了由 5 人组成的监事会，由村里公道正派、威望高的党员或群众担任监事，依法对公司的财务、生产等进行全程监督。通过村企一体化管理，既提高了管理效率，实现了村级事务与村公司发展的同频共振，也凝聚了群众对村集体的向心力。

三是利益共享化联结。文坡村探索推行"六股"利益联结模式：人头股，按照文坡村现有人口，在公司利润中划出 20% 的比例进行人头分红；扶贫股，按扶贫政策给予贫困户分红后，再按公司利润的 10% 对贫困户进行分红；管理股，对公司的管理者，按公司利润的 10% 进行分红（由公司董事会根据管理人员工作内容、性质等，具体确定管理者范围并确定个人具体分红比例）；土地股，对于出让土地经营权的农户，给予租金的基础上，再按公司利润的 20% 进行分红，以鼓励农户踊跃以土地入股形式加入公司；公益股，每年提取公司利润的 10%，作为公益基金用于村里各项公益事业；发展股，将公司年利润的 30% 作为发展分红用于公司的再发展。此外，利益联结还明确了农户其他两方面收益：土地租金，对于出让土地使用权的农户按市场价格给予其土地租金；务工收益，为参加公司产业劳作的农户，发放工资。通过"六股"模式，文坡村形成了村集体、普通农户、贫困户共享发展成果的局面，促进了村集体与村民的"联产联业"和"联股联心"。

（四）利用地方特色资源，发展多样化产业项目

"四跟四走"模式是指"资金跟着贫困户走，贫困户跟着能人走，能人跟着项目走，项目必须跟着市场走"。在以往的产业扶贫中，一方面，由于贫困户缺乏资金、技术等生产要素，很容易被边缘化，使产业项目更多惠及富裕农户而非贫困户，"精英捕获"的现象、"扶富不扶贫"现象时有发生；另一方面，给钱给物的"输血"式传统扶贫方式，也很容易让贫困户产生"扶贫依赖症"，等、靠、要思想严重，扶贫难以形成规模效益。因此，文坡村致力于进行"造血"式扶贫，形成产业规模，有效对接大市场。此外，过去的产业发展、产业扶贫基本依靠财政专项扶贫资金，但有限的资金很难实现产业的做大做强，文坡村尝试撬动

金融资金和社会资金，来推动村庄的产业发展。文坡村的产业发展，在为村集体实现增收的基础上，也为群众的就业和产业发展创造了机会。

文坡村"根据产业选能人"，突出农业产业特色，坚持放大优势、延长产业链。以黄桃产业、油茶产业和水稻产业为例。文坡村创建了文坡黄桃品牌，建设了以黄桃产业为主的文坡村田园综合体。确定了发展的大方向后，村里四处寻找种植能人，最终选择了与芷江康瑞农生态农业有限公司、通道爱建水果专业合作社合作，由其提供技术指导，并负责基地管理和水果回收，计划用 3—5 年的时间，建成千亩黄桃基地，同时对黄桃进行深加工。目前已经试建黄桃基地 150 亩。2020 年黄桃基地为村集体增收 20 余万元，为群众创造 100 余个工作岗位，实现增收 32.02 万元。

该村还通过土地转租的方式，与湖南金月云农林投资公司签订协议，引进投资商发展油茶产业。将 1265 亩山地从村民手中流转回村集体，再转租给金月云公司种植油茶，村民每年每亩可获得土地租金 30 元，村集体每年可获得管理费收入 2 万元。

文坡村还通过引进经验丰富的独峰农业有限公司进行水稻的生产加工，建成了优质水稻基地 200 亩，由其负责生产绿色标准的大米，村级负责水田的流转及大米的销售。该村与湖南工艺美术职业学院签订了优质大米销售协议，2019 年和 2020 年按照 10 元／千克的价格供应 2 万千克大米给湖南工艺美术职业学院。目前外包管理、订单式生产农业，正在成为该村探索的一个产业发展新方向。

此外，文坡村还通过委托帮扶，实现分红。全村贫困户共 167 户 698 人加入大戊梁布福娜专业合作社参与黑老虎种植，村民可按 200 元/（人·年）的标准分红。通过村级公司自主经营、与企业合作经营、由企业承包经营、引导群众自主发展等模式，已经建成了油菜基地 500 亩、丹参基地 80 亩、红薯基地 130 亩；通过消费扶贫建成灰天鹅养殖基地 1 个，带动 430 余名群众实现家门口就业，实现务工收入 238 万元。同时，该村还依托集智慧党建综合服务平台，推行农超对接、校农合作和对口帮扶合作，推动优质农产品进学校、进超市、进网络和进对口帮扶城市，实现了产销深度对接、"侗货出山"。侗锦、黑老虎、黄桃等多个特色产品已在网上销售，仅黄桃一项的网上销售额已达 2 万余元。

（五）建立侗锦文化"产学研"基地，积极发展民族文化产业

2017 年，在各级政府的支持下，文坡村投资 140 万元建成中国侗锦传承基地，并与湖南大学及侗脉公司合作，由湖南大学及侗脉公司负责创意设计、产品营销、技术培训，村集体所有的锦绣文坡公司负责基地管理。文坡村还依托"中国侗锦传承基地"，以十九大代表、国家非遗项目侗锦织造传承人粟田梅为带头人，成立了田梅侗锦专业合作社，秉承"创造性传承、创新性发展"的理念，与侗脉公司深度合作。该专业合作社遵循"公司 + 村级合作社 + 基地 + 农户"和"公司 + 基地 + 固定员工 + 家庭工作室"的侗民族非物质文化遗产产业化发展模式，建成了集生产、销售、展示、培训、交流研究于一体的"产学研"一体化基地。基地优先把贫困人口纳入非遗传承人群，鼓励非遗传承人收徒、传艺向贫困人口倾斜，推动全村及周边农村妇女参与侗锦文化产业发展。2018 年，在侗锦基地的示范带动下，文坡村实现侗锦产值 420 万

元，全村参与侗锦织造的 200 多名妇女平均获得 1.8 万余元 / 年的织锦收入，其中最高者达 4 万余元 / 年，"侗锦文化"成了文坡村在全省乃至全国的一张名片。

（六）美化村容村貌，推进文化与农旅融合

文坡村借助"国家全域旅游示范县创建"东风，依托文化，抓住旅游，以旅游产业为平台带动扶贫开发。

一是着力打造侗锦文化展示区。文坡村逐渐认识到自身侗族文化的价值，充分推进"恰坪偶""水神节""大戊梁"等传统节庆，对非物质文化遗产"侗锦"和全国传统村落保护村寨"侗寨"进行保护，发展具有民族特色的文化旅游业，以芦笙踩堂、侗族大歌、众人讲款、千人多耶、情歌对唱等多姿多彩的民族文艺节目吸引游客前来旅游观光，逐步打造农业生态体验和非物质文化传承工艺体验相结合的"农旅结合"综合体。

二是着力打造环境治理样板点。文坡村守住了"生态"和"发展"两条底线，将"美丽乡村·幸福家园"建设与脱贫攻坚有机结合，以"净化、绿化、淳化和房屋改造"为主要内容，推进"碧水青山蓝天"、农村清洁环境卫生等工程。文坡村先后整合部门项目资金 300 余万元全力抓好环境治理，完成了太阳能路灯安装、入户道路硬化、门前屋后排水沟、自来水人饮工程；枫香停车场、游步道、亲水台等提质美化工程以及护栏、绿化公厕、码台等项目建设，并新修水渠、机耕道。经过几年的努力，村庄人居环境已经得到了很大改善。

三是着力打造产业发展示范片。文坡村坚持"农业为旅游兴"，做好文旅、农旅等融合文章，不断拓展绿色生态发展道路。

该村以侗锦织造、生态种植和养殖、旅游为主导产业，积极发展油菜、优质稻、稻田养鱼、观光农业等特色农业，将特色农产品变为旅游商品，围绕农业产业延伸链条促增收，积极打造体验式休闲观光农业综合体。

（七）"扶志扶智""款约治村"，探索"三治融合"

打赢脱贫攻坚战，必须充分调动群众的积极性、主动性。文坡村将"扶志扶智"落到实处，成立了主要由乡贤和各界爱心人士组成的"文坡文化教育促进会"。成立当天就收到了群众及个人捐款 23200 元，款项主要用于表彰奖励村内成绩优异、考取大学的学子以及尊师重教的先进个人，此举营造了文坡村重视教育、崇尚教育的良好氛围，促进了文坡村教育事业的发展，为阻断贫困代际传递发挥了一定的积极作用。近年来，文坡村高考本科上线人数和中考上线人数不断递增，越来越多的孩子通过学习走出村寨。

根植于侗族特有的"款约"文化，文坡村还将核心价值观的有关内容编入款词，制定了"文坡款约和黑名单制度"，用"款约"治村。"款约"内容主要包括：村民争创六个"之家"（精神文明之家、敬老孝老之家、教子有方之家、绿色生态之家、遵规守则之家、勤劳脱贫之家）；村民之间和谐相处；环境卫生干净整洁和村民自觉遵守"四会"制度等，于 2017 年 9 月 30 日经村民代表大会表决通过，自 2017 年 10 月 1 日开始实施。"款约"的实施，对村寨建设和土地流转等村级重大事项的落实起到了促进作用，在卫生整治、节俭操办红白喜事方面得到了群众的认可。

此外，文坡村还开展了"最美文坡人"的评选表彰活动。每届评选 10 位孝老爱亲、热心公益的"最美文坡人",并予以公开表彰。通过树立先进典型,大力宣传孝老爱亲、和睦乡邻、热爱公益等好人好事,促进乡风文明,在全村形成了"比学赶超"的良好氛围。村庄还成立了"文坡村学雷锋志愿者服务队",组建了"锦绣文坡艺术团",建立健全了"村民议事会""红白理事会""建设理事会""文坡文化教育促进会"等村民自治机构,不断拓宽村民参与村级事务的平台,激发了更多人参与脱贫攻坚的活力。该村还采取了一个效果更好的激励举措,即组织贫困群众到农业科技示范园和周边产业强村参观学习,和群众一起算致富账,激发他们穷则思变的脱贫勇气,在"要我脱贫"向"我要脱贫"的转变中凝聚共识。

四、文坡村的脱贫保障机制

为了深入推进脱贫攻坚工作,确保如期打赢脱贫攻坚战,通道县从上到下建立了一套有效的扶贫治理体系和保障机制,为文坡村脱贫攻坚工作的有效开展创造了基础和条件。

(一)建立组织机构保障

全县坚持高位推进,划分战区进行作战。当地成立了"脱贫攻坚牙屯堡战区指挥部",由县委常委、政法委书记、联镇县领导担任战区总指挥长,镇党委书记担任第一副指挥长,联村县领导任副指挥长,各村联合党组织书记为成员。从相关部门抽调 8 名业务骨干组建镇扶贫办公室,集中办公、协同作战。文坡村严格执行联合党组织书记、驻村工作队、包村镇干部、村支两委"四支队伍"集村部，干群同心攻脱贫的工作要求，完善脱贫攻坚组织保障体系。由通道县司法局局长担任联合党委书记，司法局派驻驻村工作队，司法局党组成员担任村第一书记，牙屯堡镇人大主席担任包村镇干部，通道县司法局、通道县检察院、通道县政法委为结对帮扶单位，文坡村真正构建起了横向到边、纵向到底的脱贫攻坚组织保障体系。

（二）建立层级责任保障

文坡村建立健全以村委会为主阵地、村为主战场、贫困户为主攻点的工作网络。为了解决合村并组后所带来的人口增加、管理不到位等问题，该村利用"四支队伍集村部"的契机，以村民小组为单位，根据人口数量、工作难度等，将全村划分为13个网格。成立了以通道县司法局局长、文坡村联合党委书记为总网格长，村两委干部为网格长，驻村工作队队员、帮扶单位成员、村民等为网格员的工作机制，三级联动，多方参与，对全村进行网格化管理。管理者坚持日常巡查，进行拉网式排查。要求责任明确到人，精准到户，及时发现问题、解决问题，确保每个网格真正发挥作用。通过这些措施，文坡村实现了管理全覆盖，打通了乡村治理最后一公里，形成了全村上下一盘棋，层层联动、层层抓落实的工作格局。

（三）建立运作程序保障

在脱贫攻坚中，文坡村"四支队伍"深入开展大走访活动。按照规定，联合党委书记每月驻村8天以上，专题调度驻村、结对工作1次以上；包村镇干部每月驻村15天以上；驻村工作队队员驻村不少于法定工作日天数，每月驻村 15 天以上；村书记、村主任每月驻村时间 22 天以上；其他村两委成员每月驻村 20 天以上。"四支队伍"须走访全村所有农户，帮扶责任人对各自帮扶对象进行每月不少于 1 次的走访。这些走访有助于基层干部根据每一户的致贫原因，制定具体帮扶措施，确保扶贫工作有力有序有效推进。同时，基层干部还利用走访机会，向群众讲清讲透各项扶贫政策，帮助群众解决生产生活中遇到的困难和问题，切实提高了群众对脱贫攻坚工作的获得感和满意度。

（四）建立督查机制保障

通道县建立健全精准扶贫工作考核机制和帮扶工作考核办法，出台《通道侗族自治县驻村帮扶工作队及结对帮扶责任人管理考核办法》《通道侗族自治县脱贫攻坚工作奖惩办法》等意见。乡镇坚持每周不少于 1 次镇党政班子会议、每月 1 次全镇脱贫攻坚例会，及时汇总工作进展，查找薄弱环节，专题研究和安排部署脱贫攻坚工作。该县强化了对驻村帮扶工作队及结对帮扶责任人的管理，对相关责任人的工作内容、工作流程进行量化考核，确保工作队和结对帮扶责任人选派精准、帮扶扎实、成效明显、群众满意。

（五）建立动员宣传保障

为了营造全社会关注扶贫、支持扶贫、参与扶贫的良好氛围，激发贫困群众内生动力，文坡村深入开展了扶贫扶志行动。积极以喜闻乐见、通俗易懂的方式，组织贫困群众开展扶志教育活动，大力宣传脱贫攻坚目标、现行扶贫标准和政策举措，让贫困群众知晓政策，从而更好地参与政策落实。开展了文明创建行动，以各种节庆活动为契机，组织丰富多彩的文化活动，帮助贫困群众摆脱思想贫困，树立自主脱贫意识，实现从"要我脱贫"到"我要脱贫"的转变。

五、脱贫攻坚成效和经验

（一）脱贫成效

1. 贫困人口、贫困发生率变化

自 2014 年建档立卡以来，全村贫困户 167 户 688 人，已脱贫 167 户 688 人，低保户 19 户 28 人，兜底户 1 户 3 人，贫困发生率由 2014 年的 21.9% 降至 0。

2. 村民就业和收入、村集体经济收入

2018 年文坡村村民人均可支配收入达到 5300 元，发展农民专业合作社 2 个，电商平台 3 个，村集体收入从无到有，累计达 80 余万元。

3. 产业发展、生产经营

文坡村已将农户近 3000 亩水田、1200 亩山地分别预流转和流转到村集体，采取技术外包、订单农业、展销结合等灵活多样的管理方式发展农业产业。在产业扶贫方面，该村整合各类资金，先后投资 370 余万元，其中，投资黄桃基地和红薯基地共 200 万元，投资丹参基地 30 万元，投资侗锦基地 140 万元。通过各类产业发展，带动农户参与生产经营，提供就业岗位百余个，年增

收万余元，实现稳定脱贫。

4. 基础设施

文坡村基础设施不断完善，先后投资 267 万元完成太阳能路灯安装、入户道路硬化等基础设施项目；投资 100 余万元完成农村综合服务平台建设并投入使用，完成"七个一"文化设施建设，并进一步完善文体设施；投资 96.7 万元，新增消防人饮工程或配套设施 5 个，饮水安全实现全覆盖，完成机耕道、水渠等农田水利设施建设 5000 余米，有效改善了农业生产条件；投资 81 万元，对全村 55 户危房进行改造；投资 395 万元，对全村 16 户享受易地扶贫搬迁政策的贫困户进行集中安置，确保群众住房有保障。

5. 公共服务

文坡村积极推进提质美化工程，村容村貌、人居环境得到明显改善，村民生活舒适，安居乐业，公共服务基本覆盖。该村持续推进人居环境治理行动，对全村房前屋后实行"三改一拆"，对旱厕、臭水沟、进村道路进行全面修缮，完成改厕 1000 个，臭水沟改造 10000 米，入户道路提质改造 2.5 公里，拆除旧棚烂架 800 余个。全体村民缴纳新农合、特惠保、养老保险，基本医疗得到保障。共用于保障扶贫 19.3 万元；健康扶贫 121 万元，其中城乡医疗报销 111.2 万元，特殊病种补偿 4.2 万元，特惠保赔付 1.4 万元，民政医疗救助 2.3 万元，大病报销 1.9 万元。

（二）脱贫经验

1. 党建引领，"嵌入型"干部和"内生型"干部协力共治

从文坡村的组织架构来看，"四支队伍集村部，干群同心攻

脱贫"的模式，为脱贫攻坚提供了坚实的组织基础。以第一书记为代表的"嵌入型"干部作为一种外在嵌入力量，和以村支部书记为代表的"内生型"干部相互合作，使乡村治理实现了由内生单一主体治理向内外多元主体共治的转变。从内部来看，以粟田梅为代表的"嵌入型"干部，和以其他两委成员为代表"内生型"干部对村庄治理产生了不同的效果。在文坡村，村级党组织书记担任村集体经济组织、村公司、合作社主要负责人。工作内容由原来的单一村务工作到驾驭复杂的经济发展，经营村级公司、合作社，迫切需要村干部们努力加强对新知识的学习，锤炼自身。集体经济的发展成为村两委肩上的使命，村党支部被打造成撤不走的"工作队"。作为一个嫁入该村，但以前常年在外做生意的女性，粟田梅的"特殊角色"，在解决村庄内部问题和化解矛盾方面，具有其独特的优势，加之其国家级物质文化传承人的身份，使她得以以"乡村精英"的身份，利用"熟人社会"运转规则，整合村庄资源，并作为主导性的力量，影响和感召乡村内外的多元主体参与推动经济发展。

2. "村企合一"，创新生产组织模式

文坡村是全县推行"村企合一"改革的三个试点村之一，推动集体经营、抱团发展、共同富裕，走出了一条党建引领、改革推动、产业支撑的脱贫攻坚新路子：文坡村开启了一条集体经营、抱团发展、共同致富的新路子。文坡村采取"支部＋公司＋合作社＋基地＋农户"的模式，实行"党政推动、企业带动、合作社及农户参与"的方式，建立合作社、产业龙头与贫困户共同参与的利益联结机制，真正让群众参与发展、分享红利、脱贫致富。

3. 打出组合拳，拓宽增收渠道

文坡村因地制宜，采取多种形式发展产业，既不断壮大集体经济，又拓宽贫困群众增收渠道，实现稳定脱贫：一是品牌带动。通过发展侗锦产业，创建侗锦品牌，依托电商平台打开销路，切实为参与产业开发的群众增加稳定收入。二是做好订单式生产。全村不等不靠，在村两委、驻村工作队的支持下，积极采取"走出去"做法，在本村生产的绿色优质大米上做出"活文章"，开展消费扶贫，通过订单式生产、加工和销售绿色优质大米，增加群众收入。三是加入村级专业合作社，实现分红增收。四是依托农业生态体验和非物质文化传承工艺体验，实现农旅结合，推进乡村旅游业发展，实现增收。

文坡村还坚持市场导向，保持高度的市场敏锐度，确保资金跟着贫困户走，贫困户跟着能人走，能人跟着项目走，项目跟着市场走。比如，在黄桃产业发展过程中，没有盲目上项目、扩规模，而是多方考察市场、多方论证研究，从上什么项目、多大规模到最后的市场情况，每一个环节都力争考虑到位。并且，在土地流转过程中，该村也没有进行大规模一次性流转，而是进行土地预流转，与公司签订合同时也注意制约措施和风险机制，以求在最大限度上保障村民利益。文坡村通过"四跟四走"产业扶贫模式破解了以往"对象难瞄准、项目难见效、风险难防范、资金难保障"等长期困扰产业扶贫的疑难问题，找到了贫困人口发展产业、实现脱贫的有效路径。

4. 抓住民族文化产业关键点，蓄住发展后劲

产业发展是精准脱贫的根本，也是精准扶贫"五个一批"中

的重中之重。文坡村将发展侗锦产业作为村里的主导产业，抓住产业发展的"牛鼻子"，逐步发展壮大民族文化产业。该村以"中国侗锦传承基地"为平台，在国家级侗锦织艺传承人粟田梅带动下，开展侗锦织造技能培训，且学员中的贫困人口比例超过30%，此举不仅为非遗培养了更多传承人，也为村民拓宽了增收的渠道。文坡村以侗锦为纽带将全村妇女联结起来，锦绣文坡公司共有133名织娘，其中建档立卡贫困妇女101人，培训上岗率达95%，年培训妇女650人次，是妇女脱贫致富的好帮手。

该村作为大戊梁歌会文化以及侗族文化的发源地之一，既有反映侗族文化的"恰坪偶""水神节""大戊梁"等传统节庆，又有承载这些文化的侗锦织造技艺。侗锦对于本地人来说是生活中不可或缺的一部分，对于游客来说是认识了解侗族文化的一面窗户。文坡村的侗锦实际上已经超越了其自身的实用功能，而成为一种承载文化和精神的象征。"越是民族的越是世界的"，通过湖南大学、侗脉公司、湖南工艺美术职业学院这些专业外脑的"把脉问诊"，文坡侗锦走向了米兰、法国，在国际上的知名度不断提升，这也为侗锦产业在未来的发展奠定了坚实的基础。

5. 扶贫先扶志，激发内生动力

文坡村坚持以"扶贫先扶志"为主线，采取多种方式、多措并举，注重在贫困群众中扶思想、扶观念、扶信心，激发贫困群众内生动力，让贫困群众努力实现从"要我脱贫"到"我要脱贫"转变。主要方式有：一是以"文坡款约和黑名单制度"方式推进"款约治村"；二是组建村级自治民间组织，村两委带头，建立各类议事会，全面管理村级日常事务；三是强化政策宣传和法治宣传，结合"以村规民约推进社会主义核心价值观乡土化、生活化"活动，开展类型多样的宣传活动。以老百姓喜闻乐见的方式，宣传村寨项目建设、脱贫攻坚政策、法律法治、乡风文明及家庭美德等内容。同时，文坡村还积极开展"最美脱贫户、最美公益户、最佳清洁户"等评选活动，进一步激发群众荣誉感，提升价值观。

六、结论与思考

作为一个少数民族深度贫困村，文坡村在精准扶贫的过程中，依托村庄的自然资源、文化资源，以及外部嵌入及村庄内生的组织和人力资源，积极探索"三治融合""村企合一"的治理模式，开辟和创新多样化产业发展路径，走出了一条独特的脱贫道路。

在文坡模式中，村庄坚持把产业发展作为脱贫攻坚的重要抓手，依托文坡村的自然资源和侗锦文化优势，以"侗锦产业"为核心，以"四大农业产业"和"非遗文化旅游业"为两翼，拓宽了村民的收入渠道，获得了村民的支持，也为文坡村的发展提供了长足动力。

文坡村强化党建引领，为精准脱贫提供了坚强的组织保证。尤其是，文坡村"四支队伍"在打赢脱贫攻坚战的过程中，因地制宜、精准规划，特别是在为人民谋利益的产业发展中，始终坚持科学规划，从来不是"我说了算"，而是政府、专家和农民"共同说了算"，具有一定的前瞻性。此外，实现精准脱贫与乡村振兴的有机衔接，"三治融合"是动力。文坡村实现了自治为基、法治为本、德治为先的"三治融合"，激发了村庄善治的内生动力。

十九届四中全会提出，要"坚决打赢脱贫攻坚战，建立解决相对贫困的长效机制"，标志着当前我国扶贫工作由"消除绝对贫困"向"缓解相对贫困"转变，为2020年后的脱贫工作指明了新方向，提出了新要求。建立健全解决相对贫困的长效机制，打赢脱贫攻坚战，需要社会各界各方的广泛参与，需要从建章立制、产业发展、乡村治理等多方面来共同发力。对于文坡村来说，如何实现精准脱贫与乡村振兴的有机衔接，是当下和未来需要持续探索的命题。

（本案例执笔人：贺聪志　赵泽阳）

案例点评

文坡村是一个地处湖南西南边陲的少数民族村落，是典型的深度贫困地区的深度贫困村庄。该村地处云贵高原过渡地带，以山区地形为主，人地矛盾突出，地理资源禀赋较差且利用率不高。长期以来，少数民族文化形成的"孤岛"效应，使当地与外界在经济上的往来与互动较少，不仅缺少主导产业，基础设施和公共服务也发展滞后。

文坡村的案例呈现了在精准扶贫的过程中，一个少数民族深度贫困村如何依托村庄的自然资源、文化资源，以及外部嵌入及村庄内生的组织和人力资源，积极探索"三治融合""村企合一"的治理模式，开辟和创新多样化产业发展路径，走出了一条独特的脱贫道路。文坡村案例有很多闪光处。例如，在治理架构方面，文坡村汇集了"四支队伍"，以第一书记为代表的"嵌入型"干部作为一种外在嵌入力量，和以村支部书记为代表的"内生型"干部相互合作，使乡村治理实现了由内生单一主体治理向内外多元主体共治的转变。作为"中国侗锦传承基地"并拥有国家非遗项目侗锦织造传承人的文坡村，与湖南大学及侗脉公司合作建立了侗锦文化"产学研"基地。这个案例让我们看到了引入高校科研力量和企业力量后，优秀的民族文化如何被重新赋值、提升和拓展，成为带动村庄集体经济发展和减贫的原动力。文坡村在关注经济和"发展"的同时，也高度重视人居环境改善、生态保护和农业的生态与健康转型，实现了脱贫攻坚与乡村振兴并举。此外，文坡村还利用侗族特有的"款约"文化进行"款约治村"，这也是扶贫治理中"三治融合"的一个经典范例。

（点评人：贺聪志，中国农业大学人文与发展学院副教授）

第三章

夯卡村：

内外合力夯实基础设施，两代共建创造内生动力

一、夯卡村全村概貌及贫困状况

夯卡村位于湘西自治州凤凰县腊尔山镇西北部,距镇政府所在地 3 公里。南与贵州省正大乡接壤,东邻本县山江镇稼贤村。夯卡村素有"高山峡谷"之称,平均海拔 700 米,平均气温 13.5℃,地势崎岖多砂石弯路,地质灾害频发,自然气候条件差。2014 年年初贫困发生率达 38.5%,是典型的中高海拔地区深度贫困村。夯卡村全村辖 5 个自然寨(易地搬迁后合并为 4 个),8 个村民小组,截至 2019 年年底,共 292 户 1220 人。区域面积 5921 亩,包括稻田面积 1081 亩,旱地面积 140 亩,林地面积 4700 亩。村民生产生活以自给自足的传统方式为主,多以务农、镇内打零工为主要收入,无村集体经济收入来源。全村建档立卡贫困户 97 户 406 人,致贫原因多样,其中缺少土地 10 户 52 人,占比 12.87%;缺技术 7 户 21 人,占比 5.19%;缺劳动力 5 户 10 人,占比 2.47%;缺资金 37 户 169 人,占比 41.83%;因病致贫 12 户 56 人,占比 13.86%;因残致贫 17 户 60 人,占比 14.85%;因学致贫 9 户 38 人,占比 9.41%。目前,以外出劳务就业为主的 54

户，以种植养殖为主的 25 户，以家门口灵活务工为主，兼顾有产业的有 12 户，社会保障政策兜底 5 户 14 人。

2014 年以前，夯卡村的村民小组分散，各组网络道路不畅，生产机耕道缺少，生产结构单一，因而生产生活条件落后，雨天出门两腿泥。特别是坐落在乌巢河大峡谷深处的三组、六组群众要去村部或镇上，不得不使用与外界相通的唯一一条挂在悬崖陡壁上的"天梯"。村支两委班子文化水平不高，能力较弱，在理论学习、组织活动开展、产业发展等方面难以发挥较大作用；在村治理方式方法上，缺乏科学有效的手段。加上封闭式的地理环境，村民整体文化素养较低，民风彪悍等因素，各方面存在的短板整体制约着夯卡村的脱贫与发展。

夯卡村搬迁点三组、六组（现为同福苗寨）搬迁前是夯卡村五个自然寨中的两个，名为雷公潭，苗语称"都说"，早期有 173 人，共 43 户。国民党时期，雷公潭上下自然寨有 100 多户，曾为躲避土匪，外出逃难或投靠亲情，新中国成立后陆续搬回来 14 户，成为夯卡大队的第三生产队。每年冬季开山做田，有 4 个水磨碾米坊，还有炸油房。改革开放后，峡谷里人口慢慢增多，田地越来越少，经常暴发自然灾害，十年九灾，导致生活困难。峡谷里大多数人没读过书，不敢外出务工。峡谷里的非农收入主要依靠到镇上卖柴火、扫帚之类的物品。峡谷到镇上有十多公里，如果到集市上卖猪，早上六点出发，到达集市已是十点多钟。那时候夏季青黄不接，忍饥挨饿；冬季天气寒冷，住房到处漏风，下雪天雪花飘进房里，寒冷刺骨。除了生计无门，生活无着落，就医也不方便，曾经发生过几起小孩因高烧和孕妇因难产死在前往乡镇路上的惨剧。作为夯卡村扶贫攻坚中难度最大的一部分，

2015 年，精准扶贫工作队识别了 18 户困难户，做出了三组、六组整体搬迁的规划，2016 年 12 月搬迁入住新房，35 户 147 人全部搬出峡谷。

在习总书记精准扶贫战略思想指引下，湘西州委办、州委政研室、州接待处驻村扶贫工作队扎根夯卡，团结一心带领全村上下，坚定信心，就业创业，脱贫致富，在 2017 年实现了整村脱贫，在腊尔山片区率先脱贫。夯卡村的脱贫实践，走出了一条苗族群众聚居区贫困村脱贫攻坚的新路子。

二、夯卡村的脱贫措施

（一）易地扶贫搬迁挪穷窝，"搬迁 + 产业"稳成果

夯卡村三组、六组 35 户 147 人，其中贫困户 18 户 77 人，原住地是典型的"一方水土养不活一方人"，也是地质灾害隐患点，乡亲们一直期盼能搬出深沟峡谷。2016 年 3 月正式开工建设移民点，2016 年 12 月发放新房钥匙入住。2017 年端午节，35 户全部入住完成，在全省率先完成搬迁任务。对于帮扶搬迁户，不直接给钱给物，而是坚持"就业、产业、兜底"三项措施，特别是通过产业扶贫增强搬迁贫困户内生动力，采取直接、委托、股份形式实施后续帮扶。除了支持发展 1 家小超市、1 家餐饮店外，2016 年 10 月开始建设猕猴桃基地 200 亩、黄桃基地 100 亩。2017 年猕猴桃园试挂果 5000 千克，2018 年挂果达到 7.5 万千克，2019 年预计销售 10 万千克。2018 年以来，猕猴桃、黄桃基地每年为搬迁点群众提供就业机会 200 个工时以上。

在"搬迁+产业"模式的探索中，首先，做到"三个结合"，即将易地扶贫搬迁与美丽乡村建设、产业园区建设、乡村旅游发展相结合。为了确保"搬得出、稳得住、有就业、能致富"，所以把集中安置点选在交通位置方便、读书看病方便、生产发展方便、务工就业方便的地方。既考虑当前增收脱贫，又着眼今后的长远发展。其次，坚持"三个统一"，即统一规划、统一建设、统一安置；实现"两个同步"，即建新房与建产业同步、搬迁与脱贫同步。同时，推进"1+N"产业布局，即劳务经济产业+种植业、养殖业、加工业、服务业。种植业有猕猴桃园、黄桃园、香菇基地；养殖业重点发展蚕桑产业；农产品加工业，有酸辣香食品公司加工剁辣椒；服务业，有农村电商平台、客栈、小超市。通过实施"一户一策"，紧扣"务工、产业、兜底"三项重点措施，大力发展劳务经济，引导外出转移就业，鼓励村内务工。下一步计划以青少年素质教育基地为方向，积极发展研学基地乡村游业务。

此外，坚持治贫先治愚，扶贫必扶智。对搬迁户9户18名在校学生落实教育帮扶政策，开展各种助学活动。每年开展猕猴桃、高山蔬菜、手工编织等实用技术培训100多人次。村里成立搬迁点管理委员会，每月召开搬迁点群众会，大家的事大家商量着办，大家的事大家共同办。建设了同福苗寨群众活动中心，白天在这里组织群众开会学习，开展农业实用技术培训，晚上则打苗鼓、唱苗歌。以多彩的文化活动丰富群众的业余生活，拓宽他们的视野，以更积极自信的态度融入到改善生活面貌的努力当中。

（二）精准施策助力全面稳步脱贫

夯卡村坚持"1+2+3"的扶贫思路，落实到每户有 1 人转移就业，养 2 头猪、种 2 亩蔬菜，养三五十只鸡鸭。

一是积极巩固劳务经济。作为农户脱贫致富的重要途径，外出务工仍然是一项非常有效的生计手段。为了鼓励务工，发展劳务经济，村里落实外出务工人员实施交通补贴政策、职业技能培训政策，全村每年转移就业稳定在 260 人左右（包含非建档立卡户），预计劳务总收入 750 万元。

二是积极发展种植、养殖产业。截至 2020 年年底，利用政策与资金支持，全村种植优质稻 500 亩、蚕桑 500 亩、高山绿色蔬菜 200 亩、烤烟 300 亩、猕猴桃 300 亩、黄桃 100 亩等；养殖山羊 150 只、鸡鸭鹅 2 万多只，以优质稻、蔬菜、烟叶、猕猴桃、蚕桑、鸡鸭六大种养产业格局基本形成。成立了猕猴桃产业合作社，已经建成 200 亩猕猴桃示范基地，100 亩黄桃采摘园。采用"村集体＋合作社＋贫困户"运营模式，委托村里猕猴桃合作社负责日常管理。通过整合项目资金和扶贫资金，统一流转土地，统一规划，统一管理，把资金变资产，把资产变股份，把村民变为股民，探索资产收益扶持贫困人口做法。

三是积极发展村集体经济项目。200 亩猕猴桃园种植品种为"米良 1 号"，适应腊尔山地理气候条件，品质好、产量高，易于培管，群众能够掌握栽培技术，目前承包给合作社经营，每年给村集体交 10 万元。100 亩黄桃园，品种是炎陵高山黄桃，也由合作社承包经营，每年向村集体交 2 万元。光伏扶贫电站，每年电费收入 5 万元。凤凰县酸辣香食品有限公司每年给村集体分红 5 万元。2020 年投入资金 42 万元建成大蚕房和蚕丝被加工厂。2020 年以来，重点发展蚕桑产业，建立种植、养殖、培训、品选、收购基地，力争成为全县蚕桑产业龙头村。

（三）加大投入力度，确保人财物到位

夯卡村 2015—2019 年共计投入 1845.8333 万元到危房改造、教育助学、人畜安全饮水、电商服务、易地搬迁、道路硬化、产业设施配套、种植加工、产业基地建设等方面（详见表 3-1）。资金来源包括财政扶贫资金、整合涉农资金、社会资金和信贷资金。

表 3-1　2015—2019 年夯卡村投入建设资金及建设内容详情

单位：万元

项目名称	建设时间	投入资金	建设内容	项目效益	项目主管单位
人畜安全饮水	2015 年	67	蓄水池，管道建设	服务全体村民	县水利局
危房改造	2015—2017 年	183	住房保障	解决村住房问题	县住建局
教育助学	2016—2019 年	45.025	发展教育	解决适龄青少年儿童上学问题	县教体局
腊尔山镇夯卡村农村电商服务站	2016 年	1.6972	服务站点的店招、门头、背景墙装潢和电脑、电视、网络、扫码枪、POS 机等硬件设施配置	打通最后一公里，促进建档立卡户农产品上行，实现增加建档立卡户收入	凤凰县供销联社
易地扶贫搬迁	2016 年	810	住房保障	解决村住房问题	县发改局
村级综合文化服务中心	2017 年	1.3365	维修文化活动室，购置乒乓球台 2 张，健身器材 1 套	满足该村群众文体娱乐需求	县文旅局

表 3-1   2015—2019 年夯卡村投入建设资金及建设内容详情

项目名称	建设时间	投入资金	建设内容	项目效益	项目主管单位
腊尔山镇夯卡村"帮高—民拉"道路硬化工程	2017 年整合	347.2746	村组道路建设	解决当地村民出行困难的问题	凤凰县交通运输局
腊尔山镇夯卡村"夯卡—岩教"道路硬化工程					
腊尔山镇夯卡村"拉叭—吧拉门"道路硬化工程					
腊尔山镇夯卡村"斋酒—吧都怪"道路硬化工程					
辣椒加工厂	2018 年	50	330 平方米	村集体经济年收益 5 万元	县农经站
机耕道	2018 年	12	农业生产用道	解决村民生产出行	县烟办
电商平台	2018 年	5	电商服务	农产品销售	县供销联社
村部建设	2018 年	122.8	1 栋	服务全体村民	县委组织部
产业附属设施建设	2018 年	10	配套建设茶园配套设施	改善 80 户 353 人生产生活条件	县扶贫办

表 3-1　2015—2019 年夯卡村投入建设资金及建设内容详情

续表

项目名称	建设时间	投入资金	建设内容	项目效益	项目主管单位
蔬菜种植加工项目（凤凰县酸辣香食品有限公司）	2018 年10 月	100	建设辣椒基地 280 亩，修建钢架棚 150 平方米、发酵罐 200 个	委托帮扶 46 户160 人、直接帮扶 48 户 240 人	县农业农村局
产业附属设施（在建项目）	2019 年	20.7	硬化晒茶场1680 平方米	改善 56 户 212 人生产生活条件	县扶贫办
小蚕共育室	2019 年	20	新建 1 个 400平方米	自该小蚕共育室建成，一次性培育 150 张小蚕，可带动腊尔山镇、禾库镇、两林乡等三个乡镇 860 户建档立卡户小蚕饲养	凤凰县林业局
村部附属设施	2019 年	20	文化活动广场硬化	满足该村群众文体娱乐需求	县文旅局
香菇托管	2019 年	30	建设香菇产业基地	解决产业发蔚县问题	县扶贫办
合计		1845.8333			

资料来源：数据信息由腊尔山镇镇政府提供。

　　为了能更好地帮助贫困户找准产业，发展产业，解决群众启动资金问题，政府扶持重点放在帮助和促进贫困户尝试发展各种适宜产业，从而摆脱贫困陷阱，打破贫困僵局，走上产业脱贫的道路。图 3-1 反映了夯卡村在扶持贫困户发展产业方面给予的资金补助的情况。

　　除了资金投入，各方也投入人力物力进行支持和驻村帮扶。从 2015 年开始，州委办作为后盾帮扶单位派驻工作队进驻夯卡村，2015—2016 年工作队员有 2 人，2017—2020 年均为 3 人。驻

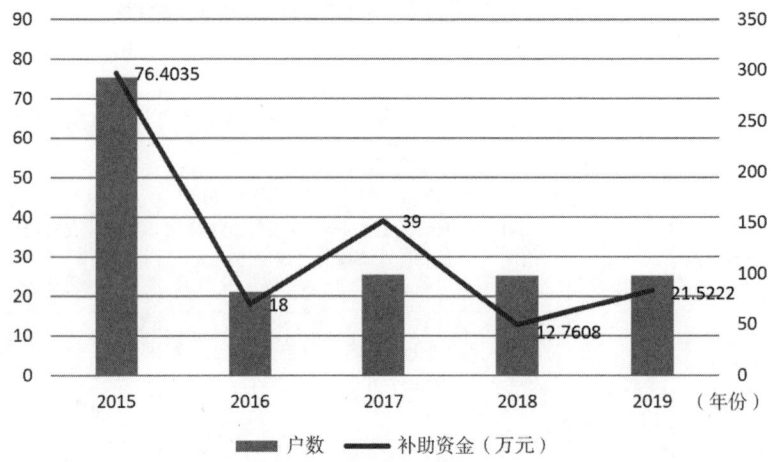

图 3-1　腊尔山镇夯卡村产业扶持贫困户资金补助

资料来源：根据腊尔山镇镇政府提供数据绘制。

村工作队带领结对帮扶干部开展扶贫工作，同时还组织开展了文艺会演、苗歌大赛等形式多样的群众文化娱乐活动，积极动员贫困户参与演出，营造了脱贫良好氛围，增强了村民脱贫信心，尤其是每年的丰收节，活动规模大，现场发放各类分红及奖励，群众反响好，效果突出。

　　2020年，面对突如其来的新冠肺炎疫情的严重冲击，夯卡村在全乡统筹安排下，一方面巩固拓展脱贫攻坚成果，同时探索与乡村振兴有效衔接；另一方面坚持把人民生命安全和身体健康放在第一位，确保新冠肺炎疫情防控和经济社会发展工作都能稳步推进。2020年，全村建设资金共投入300万元，持续推进基础建设、文化建设、生态文明建设等（见表3-2）。

表3-2　2020年夯卡村投入建设资金及建设内容详情

单位：万元

项目名称	投入资金	建设内容	项目效益	项目主管单位
村公路安防设施工程	80	村公路5公里的安全防护设施建设	保证交通安全	县公路局
高标准农田建设	80	4组农田水渠、乌巢河拦水坝、渡槽	灌溉农田200亩	县农业农村局
文化大舞台	25	村部文化广场新建大舞台	服务全村开展文化活动	县文旅局
文化广场绿化	15	文化广场及周边的绿化工程	美丽乡村建设服务全村	县林业局
旅游公厕	20	新建标准旅游公厕	配套乡村旅游的基础设施	腊尔山镇镇政府
夯卡民宿	70	同福苗寨新装修改造3栋高标准民宿	发展乡村民宿带动乡村旅游	县旅投公司
教育助学	10	购买校服、奖励本村大学生、高中生、助学贫困生	重视教育提高文化素质	社会捐赠由腊尔山镇镇政府管理
合计	300			

（四）发挥返乡青年优势，培养发展人才

延伸农产品的生产线，发展农产品产地初加工从而提高农产品附加值，有助于农民的增收，保护农民种植的热情。村办企业凤凰县酸辣香食品有限公司已取得 SC（食品生产许可）认证，生产剁辣椒、酸豆角、包谷酸、萝卜干等农副产品，直接带动全村46户贫困户230人从事蔬菜加工产业。公司的主要负责人都是返乡大学生，放弃了城市的工作，回到乡村，尝试将村里家家户户都会做的农副产品与市场对接，找到农民利用家传的手艺创造经济收入渠道。他们充分利用现代媒体的传播效果，发动村民拍摄

微视频，宣传原材料产地的环境优势，逐步建立产品的品牌效应，拓宽产品的市场销路。

另外，村里3名大学生成立了电子商务公司，组建腊尔山电商联盟，主要销售腊尔山大米、腊肉、酸豆角、剁辣椒等农副产品。电商平台已经成为夯卡村扶贫工作重点方向，群众发展产业脱贫致富的重要措施。单纯依赖有过贫困生活经历的老一辈人的辛勤，已经在新时代很难找到突破口，而拥有新思路、新想法，愿意创新的年轻人会慢慢接过发展的接力棒。这些有别于传统的创收方式与途径，无疑为夯卡村的发展注入新的活力。两代人的合力，才可能让村庄的发展拥有更大的空间与可能性。

三、夯卡村脱贫攻坚的保障机制

（一）坚持党建引领，形成脱贫致富的主力军

在夯卡村的脱贫过程中，逐步形成了一支坚强有力的村支两委队伍，一支事事冲锋在前的43名党员队伍。这支队伍充分发挥带头作用，把村支两委建设成为一支脱贫工作队，引领群众自力更生，苦干实干，激发村干部、党员和广大群众在脱贫攻坚中的主体作用。其具体做法包括：

一是加强基层组织建设。建设村级自治组织、村民自我管理、村集体经济组织，培养基层组织的凝聚力，参与脱贫攻坚。提升组织力，坚持周例会制度，定期召开党员大会，由驻村工作队队长、第一支书、村支部书记给广大党员干部上党课，开展批评与自我批评，征求党员干部和群众对村干部、党员、村里脱贫攻坚

及发展等方方面面的意见建议，充分发挥农村党员特别是农村党员干部的带头示范作用。组织群众外出参观学习，制定村规民约，调动群众自我管理、自我发展、自我革新的积极性、主动性和创造性。把党小组建在产业上，成立劳务经济、优质稻、蔬菜瓜果3个产业党小组。其中，村支书麻金革牵头劳务经济党小组，村委会主任龙金刚牵头优质稻产业党小组，村委会专干吴环兴牵头蔬菜瓜果产业党小组。加强党员培训，组织村支部书记、村干部到中央党校、州县党校、山东济南市党校学习，提高政治素质、发展领导能力并开阔眼界。

二是培养农村脱贫致富带头人。从村支两委五大主干的实际情况出发，将其培养成为村里脱贫致富带头人。村支部书记麻金革领办凤凰县酸辣香食品有限公司，组建农建队。村委会主任龙金刚领办圆梦猕猴桃合作社、入股湘黔腊尔山大米合作社，带领群众发展猕猴桃和优质稻产业。民生和监督专干吴环兴、吴亮明两人领办北斗平种养合作社，发展香菇产业。卫计文化专干吴爱花领办蚕桑种养产业。村委每年组织群众参加各类技能培训超过500人次，涉及优质稻、蔬菜、水果、蚕桑等方面，帮助更多群众成为产业发展能手。

三是发挥驻村工作队的"尖兵"作用。经常入户走访，确保脱贫攻坚"三个落实"。落实自治州脱贫攻坚"走访三个一"制度，即入户一月一走访、情况一月一报告，问题一月一清零，全覆盖走访贫困户，紧扣"一超过、两不愁、三保障"，针对致贫原因、实际困难和问题，采取具体措施，攻坚"以户清零、以事清零、以村清零"，确保责任落实、政策落实、工作落实。

（二）上下合理、责任到位、真抓实干

易地扶贫搬迁是一项系统工程，牵涉部门众多，必须坚持层层压实责任。州委办、州接待处、州委政策研究室三家责任单位把易地扶贫搬迁作为夯卡村脱贫攻坚重大举措和重点工作来合力推动。凤凰县委、县政府先后召开办公会协调组织推进工作，县发改局、住建局、财政局、国土局、规划局、设计院等单位密切配合，集中会商，一揽子解决项目实施过程中的困难和问题，效率高，进展快。驻村扶贫工作组牵头抓总体规划，工作组的一线工作人员以踏实和勤奋的工作作风赢得了搬迁群众的信任和支持。工作组对雷公潭上下自然寨35户调查摸底，精准识别出搬迁贫困户18户77人和同步随迁户17户70人，挨家挨户宣传政策，争取理解支持。

（三）基础设施稳信心，精神生活得民心

改善基础设施是发展的前提条件。夯卡村实施"五改一整治"，即改水、改路、改房、改电、改厕和整治环境行动，全村基础设施和公共服务设施发生了翻天覆地的变化。家家户户通了水泥路、自来水、生活电，机耕道贯穿农作区，灌溉水渠连通山塘和农田，村卫生室有便民医疗，村小学设施提质换挡。全村上下房子漂亮了，路灯建好了，环境卫生了，村庄变美了，彻底改变了"出门穿雨鞋，夜晚一摸黑""对面扯苗歌，走来老半天""天寒要挑水，天旱没水挑""鸡鸭满村跑，牛粪满地堆"的状况。与外界的连接打通了，才有了"走出去，请进来"的可能性；有了流动的条件，产业发展就有了基础动力，村民脱贫致富也就有

了根本性的转变。

随着村民生活条件的变化，生活质量的提升，人们对于精神生活也有了更高的要求。在春节、端午节、丰收节、重阳节等传统节日，以及党的生日、国庆等重要时间点，村里组织党员干部和群众开展庆祝纪念活动，到花垣县十八洞村、凤凰县菖蒲塘村参观学习。依照苗族的传统习俗，从 2018 年起，每年在 9 月 23 日前，择期举办农民丰收节、苗歌文化节，这也逐步形成了夯卡村吸引八方游客的一道独特的风景线。富裕起来的村民更加自信，更加热爱自己的村庄，珍视本土独特文化，增强了文化自信。

四、脱贫攻坚成效

（一）收入构成和贫困发生率的变化

2014 年夯卡村人均收入 2560 元。没有支柱产业，农业生产自给自足，种植水稻满足口粮，每户种植辣椒仅半亩左右，完全自用，每户养 1—2 头猪，一头过年吃，一头出售换取现金收入，平均每户养一头牛来耕田，农闲时到山上找些物产，如柴草，到集市上交易。贫困发生率降至 30.41%。

2015 年人均收入 4041 元，扶贫工作队入村后改变了种植和养殖方法，种植以辣椒为主，平均每户种植达到 2 亩，每户平均养 2 头猪，年收入可增加 8000 元。贫困发生率降至 21.56%。

2016 年人均收入 4809 元，除辣椒外，另外种植猕猴桃 360 亩，村集体 240 亩，村民 120 亩；村集体种植黄桃 100 亩，村民大部分到猕猴桃或黄桃基地务工增加收入。平均每户养猪 1 头，养殖鸡、鸭 20 只；成立注册农建队。贫困发生率降至 13.03%。

2017 年人均收入 9862 元，全村种植辣椒 460 亩，优资稻 120 亩，烟叶 270 亩；每户养殖鸡、鸭 20 只和 2 头猪；优资稻每亩增收 2000 多元；烟叶每亩达 5000 多元，大力发展外出务工。贫困发生率降至 1.6%，实现整村脱贫退出。

2018 年人均收入 10405 元，农民建设队启动；成立了村办企业——凤凰县酸辣香食品有限公司。贫困发生率降至 1.3%。

2019 年人均收入可达 12860 元，辣椒每亩增加了近万元收入；优质稻达 340 亩。贫困发生率降至 0.66%。

2014—2019 年，全村累计脱贫 94 户 398 人，贫困发生率从 2014 年年初的 38.5% 降至 2019 年年底的 0.66%。每年外出务工 260 人以上，年人均收入超过 3 万元，全村实现劳务总收入 750 万元以上。

2020 年 9 月底，剩余贫困人口 3 户 8 人全部脱贫，不落一人，人均收入达 13680 元。

（二）基础设施与公共服务的变化

目前，夯卡村全村公共基础设施已达标。进村、通组、户间道路建设完成，并新修机耕道。维修山塘 5 口，修缮水井 6 口，完成自来水项目，2016 年年底全村实现户户通自来水。2017 年年底，全村 252 户农户全部接通国家电网，电价降低，电压正常，供电通畅。整修村小学，为在读的 30 余名小学生提供良好的教学条件；全面落实教育扶贫政策，保障全村在读学生的教育补贴到位，2020 年上半年，全村贫困户享受教育助学补贴 46 户 83 人。医疗政策得到落实，新农合参保率 100%，群众住院医疗报销比例达到 80% 以上。新建村部和村卫生室 1 所，配备村医 2 人，确保村民"小病不出村"。全村残疾人 53 人，其中 1—2 级残疾人享受残疾人护理补贴 100 元／月或困难生活补贴 100 元／月。危房改造项目完成，全村 113 户危房，于 2017 年 12 月全部改造完成，安全住房问题已妥善解决。2019 年大力推进美丽村庄创建，开展厕所革命，改造旱厕 176 户，人居环境极大改善。农业技术培训每年 300 人次以上。外出务工人员享受一次性交通补助 50 人次。2020 年实现旱厕清零，人居环境得到极大改善。

（三）产业结构与村集体经济的变化

通过统一规划，统一建设，统一安置，同步谋划、同步实施后续帮扶措施，在腊尔山台地建起了崭新的同福苗寨，完成了整组易地扶贫搬迁。集中安置点一共安置了三组、六组 35 户 147 人，包括建档立卡贫困户 18 户 77 人，同步随迁户 17 户 70 人。收入来源主要有转移就业、种养殖、产业分红、公益性岗位。1 户养牛，1 户养羊，4 户种养蚕桑，13 户发展蔬菜瓜果，1 户开办小超市，1 户开办餐饮，社会保障政策兜底 2 户 6 人。本村公益岗位 23 人，其中管护员 6 人，易地搬迁公益性岗位 4 人，护林员 6 人，产业管护员 6 人，光伏发电公益性岗位 3 人。

2019 年，搬迁户中 16 户家庭每户至少有 1 人以上在外地务工，取得稳定收入；镇内务工 5 人；村农建队务工 9 人；村办酸辣香食品有限公司全覆盖委托帮扶搬迁贫困户 18 户发展蔬菜产业，从 2019 年起连续 5 年固定分红每人每年 200 元；搬迁户优先在公司车间及蔬菜基地务工，目前有 5 人已经与酸辣香食品有限公司签订长期用工协议；香菇托管基地委托帮扶搬迁贫困户 2 户；参与老爹公司开发猕猴桃，股份帮扶 6 户 11 人，每人每年分红 600元以上。

猕猴桃基地收益 30% 归村集体，70% 收益归 97 户贫困户，对全村所有贫困户实现全覆盖，每户贫困户都将在猕猴桃园区获得股份收益。2017 年猕猴桃试挂果 15 亩，实现销售收入 3 万元；2018 年进入挂果期，合作社每年向村集体缴纳 12 万元以上，建档立卡贫困户每户平均分红 850 元以上。在合作社带动下，全村猕猴桃种植面积达到了 350 亩。村集体猕猴桃园收入逐年增加，2018 年 12 月为 35 户 176 人缴纳新农合 2.4 万元、新农保 1 万元，全年提供务工机会 300 多个工日。2019 年，村集体经济收入实现 20 万元，全村养老保险已经由村集体统一缴纳，非贫困户农村合作医疗每人补助 111 元。

光伏发电 60 千瓦，每年电费收入 5 万元；200 亩猕猴桃园和 100 亩黄桃园每年租金 12 万元；酸辣香食品有限公司上交固定分红每年 5 万元。2020 年村集体新增加蚕桑示范园租赁收益 1.5 万元，公产房租赁收益 0.5 万元。

（四）乡风民风的变化

通过广播、电视、会议、宣传栏等多种形式，宣传励志脱贫典型故事，致富带头人现身说法，大力表彰"脱贫标兵""五好家庭""好公婆""好儿媳"，通过简单实在的宣传活动弘扬社会主义价值观、人生观，传递正能量，激发脱贫意愿，不等不靠不要，积极劳动创造。每周星期一，组织观看扶贫节目和学习农业实用技术，一起观看励志热播电影大片，大家一起开会交流。节假日，组织群众打苗鼓，通过娱乐活动，激发群众的内生动力。

发展产业的人多了，打牌赌博的人少了；外出务工的人多了，酗酒闹事的人少了；勤劳致富的人多了，争抢低保的人少了；主动脱贫的人多了，等靠要的人少了。家家户户争当"脱贫先锋""文明家庭"。

五、夯卡村巩固拓展脱贫攻坚成果同乡村振兴有效衔接经验总结

　　缺乏自然资源禀赋，生产条件有限的少数民族村寨，如何摆脱先天不足，实现脱贫致富，甚至化劣势为优势，实现可持续发展的问题，夯卡村的脱贫攻坚工作提供了一些非常有益的脱贫思路与实践经验。在夯卡村的脱贫实践中，针对最困难的资源致贫部分采取了易地扶贫搬迁的办法。但并未止步于搬迁，而是把工作重点放在搬迁后如何继续发展生产上，并由此出发，积极探索"搬迁＋产业"的模式，充分发挥村集体、企业、个人的多元主体性，以不同的形式稳定输出产业发展后劲。在带头人的选择上，除了坚持党员的引领作用，更看重带头人自身的能力和资源，将真正有能力、有魄力带领全村人致富的人放在合适的位置上，让其发挥最大的引领示范作用。产业的选择具有一定的区域同质性，但夯卡村看准了由于地缘环境原因带来的农产品时差优势，将过去的发展"瓶颈"变成如今的突破契机，巧妙地抓住市场的落差，赢得更好的经营收入。随着返乡年轻人的增加，发挥这批受过更高教育，见过世面，有活力有想法的年轻人的力量，使他们与上一代农人结合，创造出更有希望的发展前景。概括起来，夯卡村的脱贫经验包括四个方面，由谁带头？发展什么？怎么发展？如

何保障发展？

（一）找准带头人，领航扶贫攻坚

坚持党建引领，巩固基层组织是乡村扶贫攻坚工作能够顺利推行的基础，其关键因素还在于找准带头人。夯卡村现任的村委干部成员中，至少有3位主要负责人来自夯卡村最偏远峡谷里的贫困人家。他们出身贫寒，经历了各种贫穷带来的磨砺。以村支书为例，他以前住的房子下雨天屋里漏雨，可以在堂屋的洼地里洗衣服。20世纪90年代，他们作为敢于走出山谷的年轻人，毅然带着家眷，在其他组租种土地，发展多种经营，努力使自己的家庭摆脱贫困。正是这群人，逐步走上领导者的岗位。他们不仅有勇气、有魄力、有能力，更重要的是，他们对贫困户的现状感同身受，他们深知贫困带来的痛苦与困扰。因此他们也最能从贫困户的需求出发，从贫困户的弱项出发，为贫困户着想，身体力行，带领群众共同脱贫致富。这样一支带头的队伍，更容易深得民心民意。

（二）认准机遇和条件，发展适宜产业

产业扶贫是扶贫工作中一项非常重要的举措，在全国范围内都开展得如火如荼。但要发展什么产业，除了政策支持、规划到位、资金投入之外，更重要的还是各地依据各自的自然条件，劳动力条件等做出相应的规划与安排。夯卡村地处高寒地带，昼夜温差大、光照时间长，为生产优质的蔬菜瓜果提供了自然条件。同时，由于与其他地区的气候时差，正好可以与市面上主流农产品产生上市季节差，比如晚熟辣椒等。在农产品市场上，早一两

个星期上市固然能抢得先机，但等市场缺货时上市也可以获得较高收益。贫困户龙建刚对此深有体会，"我今年种了 10 亩辣椒，卖得都比别人贵，收入 3 万元钱。"因为晚熟辣椒收成时间比市场正常要晚 10—20 天，刚好迎合了市场的需求。利用地理与气候优势，夯卡村大力发展优质水稻，目前腊尔山大米已经打出高山台地品牌，价格卖上去了，品牌也打响了，实现了双获益。桑树种植不用太多技术，且易于护理，种桑养蚕则利用了村里零散且比较偏远的土地，已经搬迁的农户依然可以用过去的自留地种植桑树，即使不养蚕，也可以出售桑叶给养蚕户。将自然条件的劣势变为优势，灵活安排农业生产，适应市场需求，最大化农户的利益。

（三）机制保障，长远发展

有了领导团队和发展方向，如何发展还需要一套行之有效的运行机制。针对易地扶贫搬迁户，夯卡村制定了"搬迁＋就业"的模式。成立了农民建设队，简称"农建队"，培训队员成为石匠、木匠、旱工、装修工等，哪里有能做的工程就组织工匠前往（共有 12 人参加）。2018 年人均收入达 1 万多元，2019 年建立香菇种植基地，组织村民培训香菇种植技术，帮助村民拥有更多的技术和能力，以便发展经营，拓宽增收渠道。村集体企业酸辣香食品有限公司也吸纳搬迁户入厂做工，取得相对稳定的收入。猕猴桃基地在距离搬迁点 100 多米的周边地区，黄桃基地就在搬迁点内。猕猴桃、黄桃基地都由合作社管理，在用工上优先考虑搬迁点的农户。实现搬迁户能够在家门口就业，同时也照顾到身体残疾的贫困户。另外百德利服饰公司在搬迁点开办，百德利公司扩大规模设在镇上，搬迁点内有能力的人员也可随着入厂打工。这些步步跟进的就业措施，目的就在于使搬迁户"搬得出，稳得住"，用产业发展带来的收益解除搬迁户的后顾之忧。

（四）重用年轻人，壮大发展的后续力量

乡村的发展最终要靠一代代年轻人回到乡村，愿意扎根乡村，耐得住寂寞，经得起失败，将参与乡村振兴作为自己的人生规划。夯卡村有着这样一群年轻人，活跃在各个岗位上，他们正从上一辈领军者、实干者身上学习各种经验，也在各种尝试中摸爬滚打。在新进的大学生村官中，甚至有从过去最穷的夯卡村三组、六组走出来的年轻人，经济上的发展为他们提供了更多选择。他们外出求学，实现过去大多数没读过书的寨子里的"梦想"；如今他们学成归来，选择继续留在家乡，为家乡的发展贡献一份自己的力量。酸辣香食品有限公司的厂长、经理，建立电商平台的回乡大学生，都是风华正茂的年轻人。他们正利用丰富的自媒体网络，先进的新科技和技术，打通乡村与城市连接的通道。从农产品的加工到销售，从生产到营销，从品牌的打造到客户群建立，他们正用上一辈人想不到的方式，突破传统的思路和方式，将乡村的产业发展引上现代发展的大道上。在上一辈人打下的基础之上，需要越来越多的年轻人的加入，营造良性循环的环境。唯有这样，才可能保证乡村产业的长远发展，保障今天脱贫的不至于未来返贫，这正是乡村发展的未来。

（本案例执笔人：王莎莎　胡琴　尹瑶　史盼盼）

案例点评

易地扶贫搬迁有两大难点：一是如何搬？二是如何留？动员那些生活在深山石山区、高海拔地区、荒漠化、严重干旱缺水等生态环境恶劣地区的村民，搬离祖祖辈辈生存的地方，并非易事。不仅仅因为故土难离，更因为对搬出去后的生产生活不确定性的焦虑。这涉及第二个难点，"搬得出"的农民要"稳得住"。在上述两个难点上，夯卡村用实践给出了自己的解决途径。其中，尤为重要的是他们新老人才的结合。习近平总书记高度重视人才的重要作用，他指出，发展是第一要务，人才是第一资源，创新是第一动力。村支两委要具备较好的自治、法治、德治觉悟和能力。夯卡村的基层领导队伍，不仅用自己的双脚走出了山坳，也用双手创造了财富，更用智慧带领更多的村民共同富裕。作为带头人的先行先试与成功，在基层治理中具备了更大的感召力、凝聚力与说服力。将自然条件的劣势转化为产业种植方面的优势，让产业发展有了更广阔的前景。而放手让年青一代创新创业，利用专业化知识以及信息网络资源，延长农业产品的产业链，增加附加值，创建和引领村集体经济的新业态，无疑是夯卡村在人才振兴路上做出的勇敢尝试。

（点评人：王莎莎，中国农业大学人文与发展学院）

第四章

宝瑶村：

驻村工作队"扶"出瑶家美丽村寨

大山深处的宝瑶曾经是集体收入为零的典型少数民族偏远山区贫困村，"村里的文盲一大片，村落的垃圾随处见，大龄的光棍总没钱"，这是宝瑶村曾经流传的顺口溜，也是村庄脱贫前的真实写照。近年来，在党和驻村工作队的坚强领导下，村支两委积极响应脱贫攻坚事业，给宝瑶这片贫瘠的土地带来了生机与希望。在这场脱贫攻坚战中，宝瑶取得了翻天覆地的变化。本次调研希望通过对宝瑶的实地走访，总结其成功的脱贫经验，在已有经验的基础上寻找内在逻辑关联，对更多少数民族贫困村庄的脱贫攻坚提供经验借鉴。

一、宝瑶村社区概况

（一）基本县情

　　洞口县位于湖南省中部偏西南，雪峰山脉东麓，资江上游，是邵阳市的西大门，历史上曾是"西控云贵，东制长衡"的军事要地。全县区域面积2179.5平方公里，辖24个乡镇（街道、管理区），334 个建制村、30 个社区，总人口 94.46 万人，其中农业人口 79.07 万人；其中包括大屋、长塘、罗溪 3 个瑶族乡，共有人口 2.21 万人。素有中国绿色名县、中国宗祠文化之都、蔡锷将军故里、中国楹联文化县、中国雪峰蜜桔之乡的美誉，特别是由周恩来总理亲自命名的"雪峰蜜桔"享誉中外。县内森林覆盖率达 66%，绿色生态，宜居宜业，百岁老人数居全省之首，被评为全省的"长寿之乡"。

洞口是武陵山集中连片特殊困难地区县之一，2014 年共有贫困村 117 个，建档立卡贫困人口 29201 户 103949 人，贫困发生率为 13.15%。截至 2019 年 9 月，累计脱贫 28787 户 102123 人，117 个贫困村达标出列，全县于 2019 年高质量实现脱贫摘帽。

（二）基本乡情

罗溪瑶族乡位于洞口县西部，平均海拔 700—800 米，距县城 70 公里，东南与绥宁县接壤，西、北与怀化洪江市、会同县相邻，距 320 国道和在建的邵怀高速公路 40 公里。全乡总面积 298 平方公里，截至 2020 年，辖 12 个行政村，102 个村民小组，总人口 1.14 万人，其中以瑶族为主的少数民族人口占总人口的 65% 以上，是一个地广人稀的少数民族山区乡。

据民间考查，自唐代起有人口迁徙定居于罗溪乡。早期的移民发现，这里的溪河经常涨水，导致河床移位，于是将该地称为"挪溪"，意为挪动的溪流。人们为了便于生产，就用石块围成多弯状的河堤，试图阻止溪流经常挪动，可是一场大雨又将河堤冲垮，人们只好垮了又修、修了又垮。当地人便将"挪"字的提手旁移至顶上，变成"艹"字头，以盼草长根茂、繁衍生息。以茅草修建房屋也是古时罗溪人的传统习俗，是在艰苦条件下因地制宜利用自然资源形成的生存方式。

罗溪素有"万宝山"之称，自然资源十分丰富，境内山奇峰秀、物产富足。罗溪乡是洞口县境内唯一的原始次生林带，乡域内自然景观与人文景观众多。全石料筑成的普照寺是全国唯一的全石质仿木架结构，建于清嘉庆年间的大坪桥，位于湘黔古道的思义亭，充满传奇色彩的望夫岩、仙人桥、将军石、龙坪山、民俗风情街和木质结构吊角楼等自然风光和村落民居，都体现着罗溪深厚的历史文化底蕴。虽然自然资源丰富、自然风光独特、人文景观众多，但由于地处边远山区及历史原因，山区面积广、海拔高，田少地薄，基础设施落后，公共服务不足，群众生产生活条件恶劣。2014年，罗溪乡有6个村被评定为省定贫困村，通过精准识别和几次动态调整，全乡共有贫困人口639户2448人。

（三）村庄概况

宝瑶村坐落在罗溪国家森林公园境内，东距县城80公里，来往县城之间需要转道邻县绥宁县的金屋塘镇，西距怀化洪江市20余公里，是一个偏远闭塞的少数民族山区村。村域总面积约9.63平方公里，平均海拔约700米，2014年村集体经济收入为零，村民年人均纯收入不到2000元，全村辖9个村民小组，198户728人，其中瑶族人口占85%，贫困发生率高达25.41%，建档立卡贫困户共计50户185人，属于典型的少数民族贫困村。

面对一穷二白的现状和严峻的自然条件，根据国家的扶贫政策，2014年宝瑶村经层层审批被评为省定贫困村。2015年4月，湖南省财政厅驻村帮扶工作队进驻宝瑶村开展扶贫工作。工作队进驻宝瑶村之前，全村基础设施仅为一条通往全村各组的通达公路，砂石路面，坑坑洼洼，出入车辆很难通行。村民用电电压不稳，水源匮乏，村容村貌破烂不堪，卫生条件较差，处处可见危房。村民收入主要以务农收入为主，微薄的打工收入为辅，村集体经济收入为零。此外，村级基层组织没有固定的办公活动场所。通过工作队、村支两委和广大村民的共同努力，2017年宝瑶村顺利实现整村脱贫出列。

根据"脱贫不脱政策，不脱帮扶"的要求，洞口县财政局于2018年4月又派出一支驻村帮扶工作队，开展接续帮扶工作。如今的宝瑶村已经从"深度贫困村"变为"最美特色村"，以"熬茶香飘十里，醉美湘黔古道"的村庄名片吸引着省内外的游客前来度假休闲、体验特色文化。

二、"脱贫前夜"：宝瑶村的致贫原因与发展制约

宝瑶村早在明清时期就作为由湖南往来云贵地区的商贸驿站而闻名，是湘黔古道上来往商旅驻马歇憩、养精蓄锐的中转驿站。至今村里还保留着古时马帮行走的十里古道，青石板路一路绵延不绝。据村民介绍，这条古道是清末期间由宝庆经洪江前往贵州的"特货"运输专用通道。鸦片和银洋在当时被称为"特货"，这段古道就叫作"烟银特道"。正是得益于湘黔古道上无可替代的交通地位，宝瑶村在古时商贸繁荣，也是不同地区间文化交流互通的重要纽带。明末清初的发展鼎盛时期，宝瑶村被称作"小南京""不夜城"，以形容这里从早到晚、络绎不绝的商贸景象。清末之后，由于匪患猖獗，再加上大病瘟疫，宝瑶村的人口数量

骤减。解放战争时期，八路军湘西剿匪部队来到宝瑶村清除了匪患，宝瑶村的发展逐渐稳定下来，虽不及往日的商旅繁华，但是村民凭借驿站的商贸活动和山区丰厚的林木资源，能够维持基本的村庄生活。

改革开放之后，宝瑶村传统的自给自足的生计方式越发难以适应社会经济的快速发展，村庄的社会经济发展陷入多重困境。

第一，交通之困。20 世纪 80 年代之后，随着 320 国道的开通和交通工具的更新换代，宝瑶村作为交通驿站的枢纽作用已不复存在。随着来往于古道的商贸物流日渐稀少，宝瑶由于地处深山区而逐渐成最闭塞、交通最不便利的村子。全村基础设施仅有一条通往全村各组的通达公路，砂石路面坑坑洼洼，出入车辆很难通行。

第二，资源之困。村民的家庭开支基本源于林业收入和打工所得，且林业收入占 2/3，另外家家户户都会饲养一些小的家禽，除了自给自足之外，还可以通过售卖换取资金补贴家用。2006 年罗溪森林公园建立之后当地开始实施禁伐政策，木材的砍伐指标减少了 90%，对于可再生的楠竹的砍伐指标也有一定的减少，这对于以林业为生的村民产生了很大影响。

第三，基础设施之困。基础设施建设是村民生活质量的重要保障。在精准扶贫推进之前，宝瑶村的农网未升级改造，村民用电电压不稳，用电饭锅煮饭都成问题。村民用水以饮用山泉水为主，水源的稳定和水质的安全均难以保证。村民居住的均为木质结构传统民居，但 90% 的木质结构房屋未整修加固，"树皮当瓦纸糊窗"的居住条件十分普遍。由于百姓没有形成讲卫生、护环境的生活良习，村庄的卫生状况差，村容村貌破烂不堪。村级公共服务设施仅有 1 所破烂不堪的村小学，没有村卫生室、村文体设施和村文化活动室等基础设施，就连村委会开会都没有固定的办公场所，只能挤在村民家的堂屋或走廊过道上召开村委会。

第四，发展动力之困。生活上的贫困和村庄发展停滞的面貌并未激发村民创业革新的斗志，全村除少数有闯劲的青年外出务工之外，其他村民主要以务农为主，基本上还停留在自然经济的生活阶段。村民之间矛盾不断，相骂打架的事情时有发生，男娶女嫁都成问题，村里的大龄光棍随处可见，很多家庭连孩子上初中都供不起。

总而言之，交通条件的制约和自然资源的局限，以及村民思想观念保守、缺乏自身发展的主动性成了宝瑶村贫困的症结性问题。长期以来的驿站中心和得天独厚的地理优势，使村民习惯了以本地为中心的生活"舒适圈"。当原有的社会经济发展模式被打破之后，村民既缺乏客观的引导又缺乏主观的创新，自身的发展动力不足，无法应对外部条件的变化，形成新的发展模式。这些因素直接导致宝瑶村的深度贫困，也是宝瑶村在脱贫之前的真实情景。

三、脱贫成效

在党和政府的正确领导与关心支持下，借助湖南省财政厅驻村帮扶工作队的"东风"，宝瑶村开展的脱贫攻坚战取得了翻天覆地的效果。近 5 年来陆续脱贫 46 户 175 人，2017 年年底高质量实现脱贫退出，对无劳动能力的 4 户 12 人进行"兜底"保障，贫困发生率由原来的 25.41% 下降至 1.65%。现在的宝瑶村，村容村貌美丽整洁，基础设施健全齐备，公共服务优化完善，群众生活安居乐业，村民就业形式灵活且收入多样，全村人纯收入 8000 元以上，人人实现"两不愁、三保障"。村级组织建设力度加大，在新一届"两委"班子的带领下，村集体经济收入也实现了由无到有、由少到多的现实飞跃，2019 年以来年收入 20 万元以上。无论是个人还是村集体，如今宝瑶村发展经济的内生动力十分强劲，回乡创业的有志青年、有文化的青年越来越多，无形之中促进了乡风文明建设。进入新时代的宝瑶村民风淳朴，文明和谐。

在基础设施和公共服务方面，宝瑶村大力改善基础条件，补齐硬件短板。宝瑶村完成全村农网改造、4.5 公里通组公路硬化、各院落安全饮水、4.2 公里水渠硬化、475 米宝瑶河核心河段护岸和河心岛建设工程；完成村级组织活动中心、小学教学点改造和高标准村级卫生室建设。治理生产生活污染，铺设雨污分流管网，建设污水处理生态池。改善公共场所环境，建设村级广场，对景区道路进行沥青或青石板路面改造，安装太阳能路灯；开展全村民居改造，统筹解决住房安全和建筑风貌协调问题，通过自愿申请、事后奖补、统一规范、整村推进的方式，开展换瓦、立面美化、地面硬化和改厕，覆盖所有贫困户。

在村级治理能力方面，宝瑶村坚持把加强村级组织建设作为基础工作，尤其是强化村支两委班子建设，加强学习教育活动，统一思想，凝聚共识；组织村支两委和党员代表外出考察，开阔视野，提升认识。此外，还为村级管理建章立制，严抓落实，深入人心。

在村民的内生动力方面，宝瑶村借助产业帮扶贫困户，注入扶贫资金，积极培育黑山羊、生态水果等特色种养项目，激发广大群众的积极性、主动性、创造性，成立合作社抱团发展；立足瑶族特色，打造特色农家客栈，从农民已有的资源出发创造财富，利用传统的手艺生产腊肉、冬笋、蔬菜、熬茶等本地特色农产品，为发展乡村旅游注入瑶族理念和生态之魂。

在乡风文明方面，宝瑶村切实改善人居环境，打造美好村寨，与美丽乡村建设相结合，大力实施村庄环境整治。提升瑶寨文化内涵，对风雨桥、会堂等进行修复，新建民族特色村寨大门和凉亭，配备音响和投影设备，丰富村民文化生活，组织成立村民舞蹈队，成功申报湖南省最美少数民族特色村寨。

随着扶贫工作不断推进，宝瑶村脱贫成效日益显著。2016 年宝瑶村被评为"全省脱贫攻坚示范村"，2017 年顺利实现整村出列。在脱贫攻坚的同时，宝瑶村保护和传承着瑶族传统文化资源，展现了少数民族独有的风采，为宝瑶未来的发展打造了一张特色名片。宝瑶村在 2016 年 9 月被湖南省评为脱贫攻坚示范村，2017 年 5 月被湖南省评为少数民族最美特色村寨，2017 年 9 月被评为中国美丽休闲村寨，2017 年 11 月被评为湖南省少数民族团结示范村，2018 年 12 月被评为中国传统古村落，2019 年 1 月被评为湖南省美丽河湖，2019 年 11 月被列为国家级 3A 景区。宝瑶村的脱贫成效获得了村庄人口和各级政府的一致认可与好评。

四、宝瑶村脱贫攻坚的主要措施

2014 年宝瑶村经过层层审批获评为省定贫困村，2015 年 4 月，湖南省财政厅驻村帮扶工作队进驻宝瑶村正式开展工作。经过 3 年的努力，于 2017 年年底整体退出贫困村系列。驻村帮扶工作队究竟是如何让宝瑶村这个原本一穷二白的偏僻小山村在短短 3 年内发生了翻天覆地的变化呢?

(一)改善基础条件,补齐硬件短板

基础设施建设是村民生产、生活的重要基础,宝瑶村的脱贫攻坚之路从改善基础设施入手。在驻村帮扶工作队进驻宝瑶村之前,全村基础设施仅为一条通往全村各组的公路、砂石路面,且坑坑洼洼,出入的车辆很难通行,给村民造成极大的不便。农网未升级改造,村民用电电压不稳。村民用水自家各负其责,以饮用山泉水为主,一是水源质量难以保证,二是稳定性不足。针对这一状况,驻村工作队对村庄落后的水、电、路、网等设施一一进行改造。驻村工作队在帮扶期间,先后完成全村农网改造、4.5 公里通组公路硬化、各院落实现安全饮水、4.2 公里水渠硬化、475 米宝瑶河核心段护岸和河心岛建设工程,对村庄主干道进行了沥青路面改造,对院内巷道进行了青石板路面改造,满足了村民用电、出行、饮水、灌溉、防洪等需要。驻村工作队在中心院落铺设了雨污分流地下管网 2500 米,建成污水集中处理生态池 1 个,水环境治理达标;翻建了村内危桥洛阳桥,完成村牌楼除险加固以及地质灾害整治和垃圾填埋场建设,基础设施建设达到基本完善。

在改进了基础设施建设之后,驻村工作队着手进行公共服务设施的建设。改造之前,宝瑶村级公共服务设施仅有 1 所破烂不堪的村级小学。村卫生室、村文体设施、村文化活动室等全无。面对基本公共服务不足的状况,驻村工作队以村民实际需求为导向,结合村庄特点来进行改善。具体举措包括:(1)对学校的旧教学楼进行整体修缮，加建厕所和学生食堂，添置办公及教学设备，将其作为村级组织活动中心和小学教学点得以充分有效的利用；（2）新建了高标准的村级卫生室，添置了新的医疗设备及医疗人员，显著改善了医疗条件，解决了老百姓看病远的难题；（3）建设了5000平方米村级中心广场、银杏小广场及扯溪小广场，供村民休闲娱乐使用，并在各广场、学校、卫生室及主干道安装了210余盏太阳能仿古路灯，以满足村民的照明需求。经过这些改造，宝瑶村的教育、医疗、文化等公共服务设施建设得到了优化升级。

（二）改善人居环境，打造美丽村寨

宝瑶村在补齐硬件短板的基础上，还要建设成生态宜居的美丽乡村。人居环境是村民生产生活、休息娱乐的空间场所，直接影响村民的获得感、幸福感。在驻村帮扶工作队的指导之下，村两委大力实施村庄环境整治，着力改善人居环境，打造特色村寨。

1.治理生产生活污染。2014年之前的宝瑶村排水系统落后、村落垃圾随处见。为此，驻村工作队组织全村改进排水系统，在中心院落地下铺设了雨污分流管网2500米，并建设了污水集中处理生态池，能有效防止河道被污染。公共场所和各家各户均放置了垃圾桶且正常使用，购置垃圾运车，同时聘请了村里有劳动能力的贫困户做保洁员，做到每日一清扫，每周一拖运，将垃圾合理转运填埋。这样一来，村民的生活垃圾得到了有效处理，村容环境得到了改善，贫困户也通过公益岗位增加了收入。

2.开展全村民居改造。在宝瑶村实施的所有项目中，房屋"穿衣戴帽"工程花费最大，高达554万元。这正是因为之前的宝瑶村村居建筑破烂不堪，90%的木质结构房屋未整修加固，危房存量大。这项工程使全村632人从中受益，其中受益贫困人口163人。宝瑶村大力实施安居工程，将全村194户232座村级危房进行了改造，同时与易地扶贫搬迁和"穿衣戴帽"工程相结合，统筹解决住房安全和建筑风貌协调问题，做到全村房屋统一色彩、统一结构、统一风貌。通过自愿申请、事后奖补、统一规范、整村推进的方式，驻村工作队和村两委动员群众拆除杂乱棚栏，开展换瓦、立面美化、地面硬化和改厕，覆盖了全村各个居民院落和所有贫困户，家住山顶上的5户贫困群众已全部搬迁下山。改造过程中，村民依据住房面积、住房用途获得了民居改造奖补，激励措施极大地调动了村民的积极性。房屋"穿衣戴帽"工程改善了村民的生活居住环境，提高了幸福感，为村民创造美好生活奠定了坚实的基础。

3. 提升瑶寨文化内涵。文化是一种精神力量，文化能丰富人的精神世界，增强人的精神力量，促进社会的发展。宝瑶村民中瑶族群众占85%，他们热情好客、能歌善舞，是瑶族文化的传承者。在精准扶贫过程中，村庄的古风雨桥得到了修复，村庄修复了瑶家的古风雨桥，新建了富有瑶族特色的村寨大门和凉亭，同时对村级老会场进行了修缮改造，安装了投影和音响设备，开展了老年活动和电影放映，丰富了村民文化生活。村里组织成立了村民舞蹈队，还登上了省财政厅春节联欢会和罗溪瑶族乡60周年庆典舞台。村里还成功举办了两台自编自演的春节联欢会，经常举办篝火晚会等文艺活动。宝瑶村2017年被评为中国美丽休闲村寨（全省仅5个）、湖南省十大最美少数民族特色村寨。

（三）开发优势产业，推进就业增收

产业扶贫是在贫困地区或贫困群体中培育可持续发展的产业，通过产业发展让贫困者获得可持续发展机会。地理环境的闭塞造成资源开发的不足，宝瑶村 2014 年村集体经济收入为零，村民年人均纯收入不到 2000 元，贫困发生率高达 25.41%，属于典型的少数民族偏远山区贫困村。由于宝瑶村地处罗溪国家森林公园境内，当地在发展扶贫产业时因地制宜，努力做好"山"字文章。

1. 培育特色种养项目。适应市场需求的变化，驻村帮扶工作队根据宝瑶村特殊的自然地理环境制订了一系列产业发展规划。村里开展的产业扶贫活动包括：（1）发展黑山羊养殖，发动 60 余户农户成立养殖合作社（其中 16 户贫困户入股及参与务工），利用 1000 余亩集体山地建设养殖基地，引进了 200 余只种羊，商品羊已出栏销售；（2）发展水果种植，发动 40 余户农户成立种植合作社（其中 14 户贫困户入股及参与务工），流转 200 多亩山地建设金秋梨和杨梅种植基地；（3）邀请省农科院和湖南农大相关专家来村开展了产业技能培训，发动 30 户贫困户开展楠竹低产林改造。宝瑶村所有贫困户都参与到种养殖项目中，驻村工作队通过微信等网络营销拓展市场，帮助村民销售自家农产品实现增收。村民种植和养殖产品销售至长沙、邵阳等地，销售额超过 20 万元。

2. 发展乡村旅游特色产业。宝瑶村拥有得天独厚的自然条件，地处雪峰山腹地，罗溪国家森林公园境内，四周万山叠嶂，气势磅礴，山清水秀，空气清新，湘黔古道穿境而过，风景独特，自然风光和人文景点众多，文化底蕴深厚，具有一定的旅游开发潜力。在脱贫攻坚之前，由于基础设施、资金、交通等方面条件不足，乡村旅游难以发展。在驻村工作队的帮扶下，宝瑶村的基础设施条件得到了极大改善，具备了进一步发展旅游的基础。曹书记带头鼓励宝瑶籍村民及在外工作者为宝瑶村的出路建言献策，综合分析村民建议以及当地比较优势，最终确立了走乡村旅游的路线，将美丽乡村建设与村旅游扶贫融合发展。规划先行，重在实干。驻村工作队聘请省建筑设计院就宝瑶村村庄风貌整治进行了整体规划，统筹考虑基础设施、建筑风貌、景观节点等方面开展整治。宝瑶村的旅游开发注重保持传统和民族文化特色，对于砖木结构房屋保留时代风格予以修缮，按当地瑶族建筑风格进行改造。同时，根据村民生活需要和旅游发展要求，统筹规划、合理布局污水收集处理、广场、旅游公路、停车场等设施。村民成立了洞口瑶美生态旅游发展有限公司，该公司以村里的山水为优势，打造了水上乐园、民宿、电商，通过休闲、垂钓、竹筏、骑马、摸鱼、水上乐园、摄影等，带动当地腊肉、冬笋、蔬菜等农特产消费。随着游客渐渐增多，党员杨芳萌发了开客栈的想法，同时得到了村支两委的大力支持。2015年10月1日，宝瑶村第一家农家客栈"古道客栈"正式挂牌营业，生意非常红火。村庄发展的繁荣景象也吸引了在外打工的村民，返乡务工者先后回村创办了"紫圆客栈""咚咚农家""龙凤客栈""瑶美山庄"等10多家客栈和民宿。现在，每天有来自湖南怀化、长沙甚至广东等地的旅客来此度假，周末和节假日期间的游客更是络绎不绝。旅游产业有效地带动了贫困户就地脱贫。宝瑶组肖和山通过民居改造奖补政策按面积共获支持8.2万元，2016年客栈建成后营业收入已超过 10 万元；懂溪组欧阳芝兰，按面积获得民居改造奖补 4.5 万元，其中新建阁楼部分将作为民宿经营，把改善自身住房条件与产业投资有机结合起来，同时通过扶贫小额信贷发展养牛；介上组肖春兰获得易地扶贫搬迁补助 10 万元和民居改造奖补 3.2 万元，她将闲置房间作为民宿经营，平时还可在屋后山场养殖土鸡，通过工作队联系对外销售，有效拓展了搬迁后的增收渠道。

适应乡村旅游的新走向，宝瑶村已经逐渐培育集观赏、娱乐、住宿、民俗体验于一体的业态，向综合性乡村休闲旅游转型升级。村里建起古寨大门、游客接待中心、大型停车场、公共卫生间、游览图、指路牌和村浏览简介。为了让游客更好地感受青山绿水和乡土文化，村里整理修缮了"大坪红军风雨桥""宝瑶古驿站""湘黔古道""思义亭" 4 处湖南省级保护单位，保护了树龄 1700 多年的鸳鸯银杏；成立土特产、农耕文化展馆，提升瑶寨文化内涵；还经常举办篝火晚会，丰富了村民文化生活，吸引了成千上万的游客。宝瑶正朝着"美丽乡村、休闲养生"主题乡村旅游度假区的方向发展。"住特色村寨，吃山精土菜，喝瑶家熬茶，游湘黔古道，赏雪峰风光"成为宝瑶村旅游响亮的品牌。2017 年 5 月，宝瑶村被湖南省评为少数民族最美特色村寨，2017 年 9 月被评为中国美丽休闲村寨。随着旅游基础设施的逐步完善和游客数量的增加，宝瑶村开发利用乡村旅游资源的条件日趋成熟，村民抱团发展乡村旅游的热情空前高涨。

（四）扭转思想观念，增强内生动力

相比消除物质上的贫困，摆脱精神上的贫困更加重要和根本。只有解决好精神贫困问题，才能真正激发贫困户摆脱贫困的内生

动力和创造性，使贫困户变被动救济为主动脱贫，提升自主发展能力。2014年宝瑶村贫困发生率超过全县的平均水平，村民文化水平低，自主脱贫意识淡薄。因此，驻村工作队把"扶志、扶智"融入到实业帮扶工作中，与村民积极沟通，讲述勤劳致富的先进范例。村支两委和党员也积极响应，不厌其烦地给贫困户做思想工作，让村民都意识到贫困并不光荣，要靠自身努力去改变。美好的生活是靠自己的双手奋斗出来的，不能等着"天上掉馅饼"。宝瑶村在脱贫之后依然保持积极的发展势头，这和村民的发展自主性密不可分。村民自身的主体意识，是宝瑶村实现脱贫最重要的动力源泉。激发村民的内生动力一方面靠思想交流和信息传播，靠驻村工作队和村两委经常性地讲政策、讲理念，在村民心中种下主动求变的萌芽；另一方面也靠村庄发展的成果感染和身边脱贫人物的榜样带动。

案例 1　政策激励的自主脱贫户

肖和山 55 岁，2014 年之前，他是家里唯一的劳动力。家里有年迈的老人需要照顾，妻子患有血管疾病、腿部骨髓坏死等病症，长期需要治疗，不能从事农业劳动。大女儿已经外嫁，儿子一直在上学，上学的几万块钱也是向亲戚朋友借的。肖和山为了照顾家人而不能外出打工，只能靠家里的两亩耕地维持生计。肖和山一直在村里，不了解外面的情况，虽然想做些事情来改变家庭的状况，却不知道能做什么。2014 年宝瑶村建档立卡，肖和山家被评为建档立卡贫困户。2015 年，在一次由驻村工作队、村干部以及村民代表等共同参加的大会上，肖和山听到了驻村工作队对发展旅游产业的设想，产生了搞客栈旅游的想法。会后他和驻村工作队一起交流，开客栈的想法也得到了工作队的鼓励和支持。肖和山在工作队的帮助下申请到5万元的小额贷款，又向亲戚朋友借了些钱，花了10个月的时间，盖成了目前经营的紫圆客栈。此后，他一直密切关注村里的各项政策信息，积极寻找改善生计的机会。2015年，在工作队的帮助下，肖和山了解到林业部门有一个竹山抵改的扶贫项目，通过整改村里分给各家各户的林地、抚育楠竹，可以获得一定的补助。肖和山积极参与到这个项目当中，将家中的十几亩林地都进行了抚育，也因此获得了2000多元的补助。2015年年底，肖和山的客栈已经逐渐步入正轨，他成了宝瑶村首批脱贫的贫困户代表。

案例2 村庄产业吸引的返乡创业者

咚咚客栈的经营者肖冬生于1988年，中专学历，主修计算机专业，于2005年毕业后前往广东省打工，一走便是十来年。等她回到老家时，宝瑶村已经在扶贫工作队的帮扶下变了一番模样，村庄水、电、路、网等基础设施完备，还建起了小广场。看到家乡的大变化，肖冬便不想再外出打工，萌生了开客栈的想法，决定在家乡大干一番。2016年7月她盖起了客栈，2017年4月正式营业。她接待客人真挚诚恳、热情大方、服务周到，受到了广大游客的一致好评。与此同时，她充分发挥自己的专业特长，利用互联网平台给自己的客栈做宣传，热爱写作的她还在湖南省的一些报纸上发表文章，展示宝瑶村独特的民族文化以及淳朴的乡风民俗。她的客栈也提供餐饮服务，腊肉、土鸡、土鸭、各式新鲜蔬菜总是受到游客的喜爱，新老顾客不断。肖冬不光做客栈生意，还在网上销售家乡的特产——茶叶。"熬茶"是省级非物质文化遗产，历史悠久，至今已有1600多年的历史，是宝瑶人民的"土咖啡"。肖冬的网店月均销售茶叶300包，再加上经营客栈的收入，1年的收入有10多万元，比外出打工赚的钱还要多。她留在家中又照顾了老人和孩子，生活幸福感十足。

驻村工作队非常注重引导贫困户树立自我脱贫的意识。在产业发展过程中，他们引导和鼓励村民自主创业，搞活村级经济。村集体经济从无到有，以实实在在的收入和盈利起到了示范带动作用，激发了村民自主创业、自主经营的积极性，并让他们在自主经营中提高适应市场的能力，增强发展后劲。经过培育，目前村里已有18家农家客栈、1家民族服装出租照相店营业，较好地发挥了示范效应。一些客栈经营者在经营自己生意的同时还发挥了积极的带动帮扶作用。通过收购贫困户种植的新鲜蔬菜，养殖的鸡、鸭、鹅等食材供应客栈餐饮，请有劳动能力的贫困户帮忙打扫房间，帮助村民在网上销售土特产等形式，一部分贫困户被乡村旅游带动起来，收入水平有了提高。此外，越来越多的村民开始挖掘村庄本地特色资源，积极与村外的公司、合作社进行对接，发展养猪、养牛、天麻及黄精种植等产业。村内创业氛围更加浓厚，广大村民脱贫致富奔小康的信心进一步增强。

（五）政策保障兜底，巩固脱贫成果

除了统筹解决基础设施、产业发展、危房改造等问题之外，宝瑶村注重发动各方力量，为贫困户构建多元资助体系，争取社

保"兜底"，给予特殊关爱。

1.落实结对帮扶政策。县乡各级领导干部积极响应党组织的号召，继2015年"一进二访"到村走访帮扶后，2016年起又结合"两学一做"活动，以所在党支部为单位，对全村现有贫困户进行结对帮扶。结对帮扶单位共到村走访122批次，送达捐款及物资21万元，并在力所能及范围帮助贫困户解决了就业、就医、住房等方面的实际困难。

2.落实各阶段教育补助政策。针对贫困户的教育扶贫政策包括学前教育补助、义务教育补助、高中教育补助、雨露计划补助、残疾人家庭或贫困残疾子女教育补助、高等教育补助及中职高职教育补助政策；完善建档立卡贫困家庭学生信息系统。此外，党员干部还开展教育助学活动，对村内15名贫困家庭学子给予专项资助，并且向村委会捐赠了5万元资金用于建立助学基金，为持续助学提供保障，使贫困家庭的孩子能上得起学，接受更高、更好的教育。

3.健康扶贫。全村贫困人口均参加了医保，对特困供养人员、计划生育特殊困难家庭成员、孤儿、贫困重度残疾人、社会保障"兜底"脱贫对象参保个人缴费实行全额资助。为健康扶贫工程接力，驻村工作队和村两委联系湖南中医药大学医学院来村开展了"三下乡"活动，为群众传授健康养生知识，开展现场义诊，送医送药入户；积极协调相关部门，为贫困户争取医疗救助2.5万元。

4.社会保障兜底扶贫。按照"保基本、兜底线、促公平、可持续"的基本原则，宝瑶村进一步完善农村最低生活保障制度，对无法通过产业扶持和就业帮助实现脱贫的家庭实现政策性保障

"兜底"，来保障困难群众基本的生产生活需要。在驻村工作队帮扶下，全村5户五保户免费新建或改造了住房，实现了住有所居；在群众评议的基础上，将无劳动能力的5户贫困户申报为社保"兜底"保障对象，在住房、医疗、教育、养老等方面给予帮扶，使他们在脱贫攻坚进程中不掉队。宝瑶村还成立了老年协会，开展老年人的互助和社会公益活动及联欢活动，注重老年人的精神需求，关爱老年人的晚年生活。

案例3　从山上搬下来的贫困户

60多岁的廖奶奶家从父辈开始就居住在山顶上，每次下山需要爬6公里的山路，周围都是悬崖。由于交通不便，廖奶奶自嫁到山上之后就很少下山。2009年，老伴因肝癌去世后，家里种地、养鸭等大小事务都靠廖奶奶独自张罗，她只能维持基本生活。家里给老伴看病还欠下了几万块钱的外债。2014年廖奶奶成了建档立卡户。2015年工作队进入村庄后要求每家每户都要走到，工作队爬了十几里山路来到廖奶奶家，告诉了老人易地搬迁的政策。听到了搬下山生活的消息，老人非常激动，当天就一连打了好几个电话告诉在外打工的儿子。2016年9月老人完成了易地搬迁。廖奶奶家建房一共花了30万元，其中政府补贴了23万元，自筹7万元。搬迁之后，廖奶奶养了十几只鸭子，在家门口种一些自己吃的菜，每个月有103元的养老金，还有每年3600元的保洁员工资。廖奶奶照顾着几个孙子女，现在大孙女在读大学、老二在乡里读初一、老三在读三年级、老四在上学前班，他们都在学校里领到了教育补助。廖奶奶对现在的生活非常满意，她总是说"如果我年轻的时候能过上现在这样的日子就好了"。

五、宝瑶村脱贫攻坚的主要机制

由于难以靠自身的力量摆脱持续的贫困，宝瑶村脱贫攻坚的首要驱动力来自外力的注入和帮扶。各级扶贫干部特别是驻村工作队的外力支持，和宝瑶村以村两委和党员群体为代表的内源力量共同配合，形成了宝瑶村脱贫攻坚的稳固组织保障和有效工作机制，理顺了"人、财、物"的扶贫工作思路，这为精准脱贫具体工作的开展和实施奠定了重要基础。

（一）外力帮扶，驻村工作队和省财政厅定点帮扶

罗溪瑶族乡共有 12 个村，其中 6 个贫困村、6 个非贫困村。2015 年湖南省政府派出省财政厅、三家企业单位和两家公司，进行"一对一"帮扶。邵阳市政府也安排市政府办、市交通局、市旅游局 3 个单位到罗溪瑶族乡进行帮扶精准脱贫的工作。由于宝瑶村自然条件恶劣、地理环境封闭、资源开发不足以及村民文化匮乏，导致宝瑶村难以靠内生动力脱贫。根据省扶贫开发领导小组统一部署，省财政厅驻村帮扶工作队于 2015 年 4 月进驻洞口县罗溪瑶族乡宝瑶村。

湖南省财政厅党组成员先后多次赴宝瑶村走访调研，现场办公，全厅干部职工都积极参与，形成了良好的氛围和强大的合力，为驻村帮扶工作建立了坚强的后盾。无论是省财政厅还是县非税局，都在党中央政策的感召下，认真选派出驻村工作队。宝瑶驻村工作队由 2 人组成，驻村"第一书记"为曹云辉书记。驻村干部在脱贫攻坚战场上不走过场、不要花架子，真心实意地帮助贫困村脱贫致富，同时整合相关部门的资源形成合力，相关部门齐

力配合为驻村干部的工作提供了坚实的保障。

驻村工作队每月驻村 20 日以上，深入基层，扎扎实实与村民同吃同住。全村 198 户村民，曹云辉书记对每家每户的情况都了如指掌。为了获得村民的信任、快速而有效地开展工作，曹云辉从认真学习宝瑶村村民的方言土语入手，在感情上与群众融成一片，赢得了群众的理解信任。懂溪组的村民欧阳芝兰 64 岁，2015 年被查出患了癌症，曾经一度对生活失去了信心。曹云辉听说了她的情况后第一时间到家中看望她、鼓励她，给她树立信心。每当欧阳芝兰去长沙检查、治疗时，曹云辉也是力所能及地为她联系好医院，得空就会送她去医院。建档立卡贫困户肖和光，此前是村里公认的"钉子户"，由于民居改造需要先建后补并拆除牛栏，乡、村两级一直做不通他的思想工作。驻村工作队多次上门了解情况后，为解决其后顾之忧，工作队队长自己拿出 1 万元先借给他家进行民居改造，并劝其将牛栏改成柴房，从而确保整村民居改造项目顺利推进。现在肖和光不仅自身积极发展种植养殖增收脱贫，还经常动员亲戚支持村里工作。在 3 年的驻村工作中，类似的故事不胜枚举。

驻村工作队的工作首先体现在一个"实"字——驻村干部实实在在，不搞"假大空"，真正为老百姓做实事。其次在宝瑶村，驻村干部已经深深地融入群众中，成了村里的一分子。这种"到群众中去"的工作作风也使扶贫过程中出现的各种矛盾得到了及时化解。驻村干部亲力亲为，他们的目标不是上级政府规定的指标，而是让宝瑶村的村民先从思想上脱贫，再真正实现脱贫致富。正是省财政厅以及各部门的协助和驻村干部的外力介入，才改变了原来那个大山深处贫困的村庄。

（二）内部强化，基层党组织全力推进扶贫工作

村庄工作的开展和脱贫成效的持续性必须要有一个作风优良、工作有力的村两委班子，这就需要在扶贫工作的推进中不断提升村庄内在的自组织能力，提升基层党组织的工作能力。为此，驻村干部与村干部定期进行交谈、召开党员大会，并积极开展"两学一做"学习教育活动，强化"四个意识"，加强服务人民的思想。驻村工作队还定期组织村党支部外出参观、集中学习，开阔视野，提升认识。在驻村工作队的带动下，村党组织新发展了1名党员和5名入党积极分子，进行了村支部委员会的换届选举，为村级组织注入了新的活力和新的思想，壮大了组织的力量。

在驻村工作队刚进村的第一个月，村庄发展规划在实施方面没有任何进展，最先开启的"穿衣戴帽"工作难以实施。在驻村干部的带动下，村干部做通自己村民小组的工作，用1个月的时间将自己所在村民小组的房屋完成改造，给其他村民起到了示范作用。村民开始主动通过互帮互助的方式，在短短4个月的时间内完成了整村的房屋改造。基础设施建设好以后，共产党员杨芳提出了建设客栈的想法，得到了驻村工作队和省财政厅的大力支持，帮助建立了宝瑶第一家客栈，并将客栈作为村集体经济资产。宝瑶村由村支部书记舒炉宝带头先后成立洞口宝瑶黑山羊养殖合作社。村主任李根友、村民兵营长舒安平等54户12个贫困户合伙利用260亩荒山、荒田，成立水果种植合作社；贫困户李容友带头成立友林油茶种植专业合作社，与48户181人贫困人口合作利用荒山、荒坡连遍种植油茶187亩。村干部和党支部积极配合驻村干部的工作，在基础设施建设、产业发展等方面都起到了

带头作用。宝瑶村党支部也在 2015 年、2016 年连续被乡党委评为优秀党支部，村支部书记舒炉宝被县委评为 2016 年度优秀党务工作者，并在县委换届选举中当选为县委委员。

驻村干部注重抓好基层党建，驻村工作队的工作得到了全体党员和组长的大力支持，并得到全体村民积极配合，为脱贫攻坚和经济持续发展打造了一个得力团结的领导班子。驻村干部通过村级党组织这个纽带开展工作能更加贴近民意，各项工作能获得村民的支持。宝瑶村基层党组织在发展理念、思想认识和工作能力上的提高对于村庄整体脱贫起到了重要的促进作用，成为脱贫攻坚内外结合的有力抓手。村庄基础设施建设、村容村貌整治和乡村旅游项目开发等工作的开展过程中，村庄党员始终发挥着带头作用。

（三）精准识别，从多维度考虑致贫因素

精准扶贫要做到扶贫对象、项目安排、资金使用、措施到户、因村派人、脱贫成效精准，其中，扶贫对象精准是第一位的，精准识别是精准扶贫的基础工作。只有识别出真正贫困的农户，才能避免扶贫资源的浪费，把资源有效用到贫困户身上。宝瑶村最初的贫困户名单缺少公示，老百姓并不清楚本村的贫困户是谁。驻村工作队通过走访之前建档立卡的 51 户人家发现，贫困户的识别存在严重的问题，一些真正贫困的农户由于缺少话语权而未被纳入贫困之列。因此，驻村干部进行了贫困户的再次精准识别，把真正贫困的农户纳入贫困体系，确保扶对人，用对资金。驻村"第一书记"曹云辉顶着阻力和压力在全县率先开展了贫困户的重新识别工作。

在精准识别过程中，驻村干部首先综合考虑贫困的多个维度。贫困是一个综合性、复合型的概念，包括物质、思想、精神文化生活、生态环境方面等。从具体的贫困个体上看，既有物质性的原因，也有思想性的原因。政府精准识别的衡量尺度是家庭人均纯收入这条线，但是现实生活中很难拿这条收入线有效地区分出贫困户与非贫困户。为此，宝瑶的驻村干部结合家庭医疗、教育、住房等负担和劳动能力等因素来考虑，甚至包括家里过去几十年的家庭收支情况，最终形成了公平合理的识别方法。"老百姓心里有一杆秤"，一个村子里，真正谁家贫困，只有村民群众最清楚。为了真正做到公平公开，宝瑶村在扶贫过程中坚持公开评议，实事求是，由各生产小组自己推荐贫困户名单，经村民大会表决通过后进行全村公示，接受群众监督。经过全村村民反复的质询讨论，最终选出绝大多数群众认可的贫困户。经过重新摸底，全村最终确定贫困户 35 户。驻村干部通过了解实情，结合多方面的指标因素，确定最终的贫困户。把真正贫困者纳入贫困体系，这能够让其他村民积极配合扶贫工作，从而有利于各项工作的进展。

（四）科学规划，统筹推进村庄综合发展

宝瑶村脱贫攻坚的重要工作机制就是将精准扶贫和社区综合发展同步推进，以社区综合发展实现普惠式的村庄生计改善。村庄发展，规划先行。宝瑶村长期以来的发展难题在于村庄在交通、基础设施等方面的发展滞后。因此，无论是精准扶贫还是乡村振兴，只有从整体上系统性地解决这些问题，做好科学的统一规划，而不是碎片化、运动式的修修补补，才能为村庄发展奠定坚实基础。通过对村庄的详细了解和交流讨论，驻村工作队和村两委最终将旅游作为村庄发展的主导产业，以此为出发点进行整体规划。驻村工作队聘请省建筑设计院就宝瑶村村庄风貌整治进行了整体规划，注重保持传统和民族文化特色，对于砖木结构房屋保留时代风格予以修缮，对于木结构民居按当地瑶族建筑风格改造。同时，根据村民生活需要和旅游发展要求，统筹规划、合理布局污水收集处理、广场、旅游公路、停车场等设施。

为支持驻村帮扶规划落地，加快宝瑶村脱贫攻坚步伐，省财政厅多方统筹资源，落实资金来源，从各渠道整合资金 2000 多万元，为改变宝瑶村贫穷落后面貌、带动贫困户增收、提高生活水平提供了比较充分的资金保障。省政府和厅党组多次到宝瑶村进行调研，了解村庄具体情况，立足于科学规划布局，按照先易后难、先保刚需重点后兼顾一般的原则，组织项目实施，确保资金投放有的放矢，资金调度合理有序。资金的使用上首先解决村民住的问题，在危房改造（包括"穿衣戴帽"工程）方面投入554 万元；其次改善基础条件，补齐硬件短板，5 年内先后完善交通、农网改造、安全饮水、水渠硬化、医疗设施、教育等基础设备，投入资金高达 1080 万元。

宝瑶村在驻村工作队和省财政厅的帮扶下进行了科学规划，为宝瑶村民的脱贫发展带来了信心和动力。由于村庄长期以来发展滞后，在村庄规划蓝图完成后，村民们不敢相信村庄面貌会发生如此大的变化，也对村庄规划的落实持怀疑观望态度。由于村居改造需要村民自己投入部分资金，很多村民对村庄发展前景没有信心，不愿改变。工作队正是靠规划落地改变了村民的思想，将规划变成现实，让村民切实看到、感受到村庄的变化发展，真正激发了村民自身谋求发展和变化的内生动力。省财政厅为宝瑶村的科学规划提供了资金和各种资源的保障，驻村干部把规划落实到地。以科学规划带动科学发展，这也为驻村工作队树立了威信，为后续工作的推进打下了群众基础。

六、宝瑶村的脱贫经验与启示

宝瑶村从一个深受交通之困、基础设施之困、自然资源之困和发展动力不足的贫困村，经过短短几年时间转变为一个基础设施建设完善、人居环境整洁优美、产业发展欣欣向荣的脱贫摘帽村。宝瑶村的脱贫成效和村庄整体面貌的巨大变化生动体现了党的精准扶贫思想在新时期乡村工作中的实践应用。宝瑶村的扶贫经验集中体现在以下四个方面：

第一，强化基层党建，筑牢群众基础。打赢脱贫攻坚战，组织领导是保证，选派扶贫工作队是加强基层扶贫工作的有效组织措施。宝瑶村的脱贫成效首先得益于驻村工作队带动下的基层党组织建设。驻村工作队把扶贫同基层组织建设有机结合起来，抓好以村党组织为核心的村级组织配套建设，把基层党组织建设成为带领乡亲们脱贫致富、维护农村稳定的坚强领导核心，保证了工作队退出后村庄发展的稳定持续组织基础。"工作队 + 基层党组织"的组织建设核心在于坚持从群众中来到群众中去的基本路线。工作队一心扑在扶贫工作上，"脚下沾满了泥土，心中沉淀了真情"。他们以真知实干、真情实感感染了群众，扎实筑牢了脱贫攻坚的群众基础，这是村庄所有扶贫工作得以顺利开展的重要前提。

第二，科学规划，统筹推进，实现脱贫攻坚和乡村振兴的高效衔接。宝瑶村脱贫工作的落实推进是在通盘考虑村庄整体发展的基础上进行的。以衔接精准扶贫和乡村振兴的整体性、系统性思路进行科学规划，是宝瑶村扶贫工作的实践特色。扶贫工作以科学规划为起点，综合考虑村民生产生活需求、村庄的历史文化特色和村庄未来发展方向，科学安排村庄布局、资源利用、基础设施配置和村庄环境整治。村庄的布局规划特别注重立足村庄的地域特色和文化传统，在改善村庄整体面貌的同时既延续了村庄少数民族村寨的特色，又发掘和保护了重要的历史文化遗产。村庄整体规划的设计实施，一方面使危房改造、易地搬迁、基础设施建设等重要扶贫工作得到了有效落实，另一方面为脱贫摘帽后产业发展、生态宜居等乡村振兴系列工作的推进打下了基础，促进了脱贫攻坚和乡村振兴的顺利衔接。

第三，因地制宜，选准产业发展的本土道路。推进扶贫开发、推动经济社会发展，首先要有一个好思路、好路子。产业发展是宝瑶村稳定脱贫成果、实现持续发展的核心。在产业发展过程中，宝瑶村深刻贯彻了习近平总书记在扶贫工作中的思想论述，做到了"宜农则农、宜林则林、宜牧则牧、宜开发生态旅游则搞生态旅游"，真正把自身比较优势发挥好，使贫困地区发展扎实建立在自身有利条件的基础上。面对自身在地理方位、交通运输和农业基础资源等方面的发展制约，宝瑶村从实际出发挖掘村庄的有利条件和发展优势，以文化旅游和生态种养殖作为产业发展的突破口。有了产业发展这一核心"抓手"，在扶贫资金的外力帮扶和村民自身的实干创业共同推动下，宝瑶村的社会经济面貌才得以改变，村民也有了稳定增收的生计发展。

第四，激发村民内生动力，培育自主创业的市场主体。对贫困地区来说，外力帮扶非常重要，但如果自身不努力、不作为，即使外力帮扶再强大，也难以有效发挥作用。只有用好外力、激发内力，才能形成合力。宝瑶村的发展深刻体现了激发村民内生动力的重要性，以及内生动力激活之后的创造性。群众的内生动力是宝瑶村脱贫发展的精神核心。由于缺乏必要的资源信息和能人带动，宝瑶村长期无法实现内源性发展。深入群众的扶贫工作方式、扎根乡土的扶贫产业发展和村庄基础设施的整体完善共同调动起贫困群众的积极性、主动性和创造性，既从思想上激发了贫困群众脱贫致富的内在活力，也从物质和人力上提高了贫困群众的自我发展能力。内生动力的激发不仅使贫困户的生计状况得到了改善，更让村庄形成了创新创业的整体氛围，塑造和吸引了一批村庄本土人才和发展的"生力军"。

（本案例执笔人：潘璐　巩星利　牛小草　魏淑闵）

案例点评

　　绝对贫困问题的长效解决，需要通过贫困地区增长减贫与贫困人口内生脱贫的两者统合才能实现。社会主义市场经济下的稳定脱贫，需要借助市场的力量对贫困地区的资源进行有效配置，使贫困地区和贫困人口对接外部市场，融入产业活动中。然而，像宝瑶村这样地理位置封闭、资金资源短缺的贫困村庄难以依靠自身条件实现内源发展。这就需要借助脱贫攻坚的政府行政力量激活贫困地区的生产要素，提高贫困人口的人力资本，为贫困地区融入市场经济提供物质、人力和制度的前提基础。这正是驻村工作队这一工作机制对于贫困村庄的重要意义。宝瑶村的脱贫措施以选择性的贫困户精准"兜底"保障为基础、以普惠性的基础设施建设为"抓手"、以地方性的特色产业发展为依托，体现了精准扶贫对于贫苦地区短期纾困和长期赋能的"双重"效能，为少数民族贫困村庄实现脱贫攻坚和乡村振兴的有效衔接提供了宝贵的案例经验。

（点评人：潘璐，中国农业大学人文与发展学院教授）

第五章

油溪桥村:

以点滴之力,积发展之源

自脱贫攻坚以来，湖南省吉庆镇油溪桥村坚持以党风带民风，党建带村建，在夯实基层党组织建设的同时，积极探索乡村治理模式，激发了村民内生发展动力。通过发扬"用锄头开路、用锤子凿水、用担土栽树"的"自力更生、艰苦奋斗"精神，汇聚全体村民的力量，油溪桥村从昔日吃、穿、住"三愁"之村发展成为"全国百强特色村庄""全国十大乡村振兴示范村"，并荣获"全国文明村""湖南省美丽乡村建设示范村"等40余项国家级和省市级荣誉称号。

一、村庄概况

吉庆镇位于湖南省新化县东北部，距县城30公里，总面积182.5平方公里，辖32个行政村，共13000户54120人。全镇耕地面积40857亩，其中水田27966亩、旱地12891亩，山林面积14.8万亩，森林覆盖率52%。吉庆镇是新化县典型的传统农业乡镇，自然环境优越，拥有国家3A级旅游景区2个。2018年被评为省级文明乡镇。脱贫攻坚以来，吉庆镇积极大力推动特色农业和乡村旅游发展，形成了以白茶、穇子、西瓜、黄桃、小籽花生和稻田养鱼为主的区域特色产业，并在创建集农业产业和休闲旅游于一体的特色农场，通过打造花果小镇，带动群众脱贫增收。2019 年全镇乡村旅游游客接待量达 20 万人次，乡村旅游总收入 5000 万元。在 2014 年贫困建档中，全镇 32 个村 13000 户 54120 人的农村人口中，贫困村 9 个，占全镇行政村的 28%，贫困户 2269 户，占全乡总户数的 17.5%，贫困人口 7729 人，占全乡农村人口的 14.3%。2017 年，经区划调整、并村和清理复核，全镇建档立卡贫困户 2448 户 8328 人，贫困村 7 个。贫困人口中，因病、因残致贫 1341 户 4376 人，占总贫困人口的 52.5%；因缺技术致贫 564 户 2066 人，占总贫困人口的 24.8%；因灾致贫 143 户 456 人，占总贫困人口的 5.5%；因缺劳动力等其他原因致贫 400 户 1430 人，占总贫困人口的 17.2%。2019 年，全镇 7 个贫困村全部出列，未脱贫户 209 户 379 人，贫困发生率降至 0.69%。2020 年未脱贫户全部顺利脱贫。

油溪桥村位于吉庆镇西北部，距镇政府 8 公里，距县城 40 公里。资江在新化县的第二大支流油溪河穿村而过。油溪河原名“尤溪河”，是为纪念九黎之君蚩尤而命名，后因河水清澈如油，更名为“油溪河”。油溪桥村因村内横跨油溪河的清代古拱桥而得名。油溪古桥单孔跨度为 28 米，为娄底最大的单孔跨度古桥，被列为县级保护文物单位。依托油溪河的资源优势，油溪桥村打造了油溪河漂流景区，于 2017 年被评为国家 3A 级旅游景区。油溪桥村位处偏远山区，山多地少、土地贫瘠、资源匮乏，属于典型的石灰岩干旱地区，“三天不下雨就旱，下雨三天就涝”。2017 年，邻近的晨光村并入油溪桥村，村域面积从 5 平方公里增至 8

平方公里，现有耕地面积 980 亩、林地面积 4468 亩，森林覆盖率为 92.8%。全村辖 12 个村民组，288 户 868 人。党员 32 人，村两委班子成员平均年龄不到 36 岁，大专以上学历达 6 人。

2007 年以前，油溪桥村内没有 1 米的硬化公路，村内垃圾成片、污水横流、房屋破旧不堪，村郭萧条，村级组织建设薄弱，村民年人均收入不足 800 元，村级集体负债 4.5 万元，曾被列为省级特困村，当地有两句顺口溜："有女莫嫁油溪桥，一年四季为呷愁。"2014 年，油溪桥村的贫困发生率为 16.8%，建档立卡贫困户 46 户 146 人，其中五保户 7 户 7 人，低保户 7 户 10 人，扶贫户 32 户 129 人。因病致贫 23 户 64 人，因残致贫 6 户 25 人，因灾致贫 5 户 18 人，因学致贫 3 户 10 人，缺资金致贫 5 户 12 人，缺技术致贫 2 户 10 人，缺劳动力致贫 2 户 7 人。

从村民个体层面来看，疾病和残疾是导致贫困的主要原因。从村庄整体层面来看，油溪桥村的贫困成因主要集中在三个方面：一是自然条件的制约。油溪桥村位于偏远山区，属于典型的石灰岩干旱地区，山洪地质灾害频发。土地贫瘠和资源贫乏制约着村庄的自我发展能力。二是村级组织建设薄弱，缺少带领村民脱贫致富的"领头雁"。三是缺乏产业支柱，村民本地无致富门路，劳动力外流严重。村级集体收入的不足导致村庄基础设施投入和公共服务供给能力较弱。

二、脱贫攻坚成效

自脱贫攻坚以来，油溪桥村坚持以脱贫促发展，依托农业特色产业的优化布局及其与乡村旅游的融合，现拥有了比较稳定的村集体经济收入，村内基础设施、基本公共服务和村务治理得到明显改善。

（一）村民收入大幅增加，村集体经济不断壮大

油溪桥村山多地少、土地贫瘠，并不具有农业产业发展的区位优势，但在村支两委的带领下，油溪桥村探索出一条特色农业和乡村旅游深度融合的发展模式。该模式坚持以农户为主体，强调产业精准、技术精准、服务精准和保障精准，在调动村民参与产业积极性的同时，使村民收入大幅增加，村庄集体经济不断壮大。全村村民人均纯收入从 2007 年的不足 800 元增加至 2019 年的 21682 元，村集体经济从负债 4.5 万元发展到 2019 年的 121万元。

2014 年至 2018 年，油溪桥村共脱贫 35 户 128 人。其中，2014 年脱贫 6 户 30 人；2015 年脱贫 1 户 4 人；2016 年脱贫 1 户 4 人；2017 年脱贫 12 户 45 人；2018 年脱贫 15 户 45 人；2019 年脱贫 8 户 9 人，贫困发生率降至 0.9%；2020 年脱贫 3 户 9 人。已脱贫的贫困户均已达到"一达线""两不愁三保障"的贫困户脱贫标准：一是户年人均纯收入稳定超过国家扶贫标准，达到吃穿不愁的水平；二是有安全住房，通过易地扶贫搬迁和危房改造，油溪桥村贫困户的居住条件得到了大大改善；三是村民家中已经没有因贫辍学的学生；四是符合基本医保条件的贫困户都参加了基本医保。

自脱贫攻坚以来，油溪桥村坚持走产业支撑旅游，旅游带动产业发展的脱贫攻坚之路，在帮助村民发展产业促增收的同时，也致力于壮大村集体经济。依托油溪河漂流景点，油溪桥村成立了油溪桥村旅游服务开发有限公司，开办了集体生态农庄、停车场和水厂。在村集体经济管理方面，油溪桥村按照共同参与、市场运作、统一管理的方针，对村集体产业以土地入股、劳动力入股和资金入股的形式，做到村民家家户户都享有入股的条件，并采取产权和经营权分开形式建立发展共享模式，鼓励、引导、支持村民采取投资投劳、以土地与山林入股等方式，参股村里的旅游发展公司，生态农庄等产业项目，让村民共享发展红利。通过这种模式，盘活了四荒地、林地等资源，极大地激发了村民参与集体产业发展的动力。

此外，在就业增收方面，油溪桥村为了让村民熟知政府就业扶贫政策，充分利用村广播、会议、定期宣传和走访的方式对政策进行讲解，以就业扶贫培训、发放务工交通补助和提供医疗保险的方式鼓励村民外出务工和在本地就业。为帮助村民更好地在村庄及附近的农庄、农家乐以及旅游配套服务业中就业，多次组织厨师等多项技能培训并带动多位贫困户在本村就业。为了帮助村民更好地发展产业，以产业带动就业，油溪桥村聘请了长期的专业技术人员，为贫困户提供甲鱼养殖、稻田养鱼以及经果林种植的技术指导，促进贫困户增收。依托油溪河漂流、油溪古桥等自然景点，油溪桥村通过发展乡村旅游，创办集体农庄、游客接待中心、农家乐，共带动 180 余人在本地就业。

（二）基础设施显著改善

在基础设施建设方面，油溪桥村强调自力更生，拒绝"等、靠、要"，坚持"不向领导提要求，不给组织添麻烦""凡是能在本村解决的，绝不请外人帮忙；凡是能用劳力解决的，绝不多花冤枉钱"的理念，实现了全村水、电、路、讯全覆盖，通达率达100%，完成了农村电网改造工程，有线电视数字转换，电视电话全面普及。为确保家家用上自来水，增强农业产业灌溉保障能力，油溪桥村号召党员干部发挥模范带头作用，并组织村民共同义务筹工，完成了村庄饮灌一体化的水利工程。为节约村级资金，油溪桥村仅花费了3000元购买钻机，并完成了原初预算需16万元的管道沟挖掘施工项目，整个工程累计节约资金达240余万元。2007年以来，油溪桥村村民在村支两委的带领下，为集体建设义务筹工达7.6万个，在"就地取材，变废为宝"的建设理念下，完成了进组入户水泥硬化公路10公里，生产便道和机耕道6公里和景区游道22公里的建设，实现了产业基地、美化绿化、景区景点、基础建设等劳动力自筹，走出了一条节约型脱贫之路。

（三）基本公共服务供给水平提高

在公共服务方面，油溪桥村一方面充分利用村集体收入成立互助基金会，建立以党员为主的帮扶领导小组，定期开展各种关爱活动，针对贫困户的具体需求提供帮扶，为村民打造了村级社会保障安全网；另一方面积极争取企业家、志愿组织、爱心人士等社会力量与困难群体进行结对帮扶，提高了村庄公共服务水平。在政府及社会等多方主体的扶持下，油溪桥村的公共服务得到了改善，村级活动中心、村民文体活动中心等公共设施齐全，丰富了老百姓文化娱乐活动。

在住房方面，2016年至今，吉庆镇按照统规统建、分散自建、统规自建3种模式，共完成易地搬迁安置388户1516人。统规统建和统规自建的集中安置点共7个。油溪桥村实施集中安置搬迁 14 户 52 人，包括吉庆安置点 1 户 6 人，塘井集中安置点 4 户 15 人，火侍湾集中安置点 9 户 31 人。目前，均已全部搬迁入住。该村易地扶贫搬迁严格按照贫困户自愿申请，村两委调查登记，村小组组评议，村民代表大会票决、公示、审核，第二轮公示，县级审定、公告的完整规范程序实施。危房改造资金主要以农户自筹为主，政府补助和社会救助为辅。政府补助标准为：五保、低保和困难户一级危房改造户均为 2 万元。除了政府补助，油溪桥村还采取了村委牵头、村组干部结对帮扶、村民义务筹工援助的三级联动方式，为贫困户改造危房 56 栋，改善了贫困户的居住条件。

在医疗方面，油溪桥村全面落实健康扶贫政策，为贫困人口提供基本医疗保障、大病保险和医疗救助三重医疗保障体系，并积极组织村民并发动社会爱心人士为贫困户提供捐助。在落实健康扶贫政策方面，该村全面落实医保资助和扶贫特惠保，建档立卡贫困户医保参保率以及贫困家庭综合保障保险的参保率都为100%。2014 年以来，吉庆镇将所有贫困人口都纳入了家庭医生签约服务范围，每个贫困户一份动态管理的电子健康档案，每个家庭一名签约家庭医生，以乡镇为单位每年组织农村贫困人口进行健康体检。为实现对特困群体的"一对一帮扶"，油溪桥村利用村集体产业的经营收入成立了困难互助基金会，定期开展各种关爱活动，确保困难群众困有所帮、病有所依。通过发动社会爱心人士募捐，为患有先天性心脏病和尿毒症的 2 位村民筹集善款22 万余元，减轻了患病村民的医疗负担，有效降低了因病致贫和因病返贫的风险。

在教育方面，油溪桥村强调"扶教育就是扶后代，后代强了才能致富"。为阻断贫困的代际传递,吉庆镇在加强控辍保学,提高资助水平的同时,改善学校办法条件,强化教师队伍建设,确保了全镇贫困户家庭学生未出现因贫失学和辍学的现象。油溪桥村在落实教育扶贫政策的同时,积极发动企业家、社会爱心人士和组织等社会力量进行捐资助学,与贫困学生进行结对帮扶,为34名贫困家庭子女的教育提供了有力保障。油溪桥村还利用学生的寒暑假时间不定期邀请县里的书法家给村里的学生提供书法等培训,培训期间给孩子提供营养餐,有效调动了村庄学生对学习的兴趣。除了提供教育资助,油溪桥村还会根据村庄儿童群体中普遍存在的问题,如沉迷手机游戏的现象,进行有针对性的引导和管理。通过组织学习会议和建立荣誉奖励机制提高儿童的自律意识。在企业家的捐助下,油溪桥村建立了海燕阅览室,并为来学习的村民免费提供中餐。新化县一个地产企业准备在油溪桥村投资2000万元,帮助村庄修建幼儿园、小学和疗养院,目前正在选址筹备过程中。这些设施建成后,将进一步提升村庄的医疗和教育保障能力。

2019年油溪桥村的低保户7户10人、五保户7户7人。根据相关规定,凡符合低保、五保条件的农户,可以通过个人申请、入户调查、信息核对、民主评议、乡镇审核和县级审批程序,来享受低保保障或五保供养。此外,为了让村庄的弱势群体老有所依、困有所帮、病有所救,油溪桥村建立了困难救助基金会,成立了以党员为主的帮扶领导小组,8年时间累计为贫困群体发放救助金42万余元,对特困群体进行"一对一"帮扶与季度滚动式帮扶相结合,并把村集体产业的经营收入用于帮助改善低收入家庭的生产和生活,真正实现了困难群众老有所依、困有所帮、病有所治。为了筹备困难救助基金，采取村集体组织、全面参与的方式把原有废弃的山塘，开发成现在的村集体福利产业"钓鱼山庄"，由村委统一管理、帮助销售，让弱势群体进行自行喂养，分配利益。到目前为止，为残疾人、低保户、困难户等弱势群体每年创村级福利 4 万余元，提高了村级社会保障。

（四）村庄治理能力有效提升

为调动村民参与村务管理的积极性，油溪桥村一方面致力于扭转村民"慵、懒、散""等、靠、要"的消极思想和"只知索取、不懂感恩，只求回报、不想付出"的自私自利思想，另一方面积极探索村民自治的创新机制，实现了村务治理从"替民作主"到"由民作主"的转变，村庄治理能力得到有效提升。

油溪桥村坚持走民主协商治村之路，通过推行民主管理、制定村规民约和推行积分制管理，提升了村民自治水平。首先，油溪桥村每年召开"四个会议"，即年初群众动员会、新老经验交流会、弱势群体交心会、年终总结表彰会，广泛听取村民意见、集中村民智慧。对村公章实行阳光化管理，公章使用分别由审批、监督、登记 3 人负责，村民代表监督，增强了村级组织的公信力和威信力。其次，油溪桥村过去有铺张浪费、大操大办、相互攀比的旧习气，村民每年因此浪费大量钱财。为改善村风和民风，油溪桥村提出"节约就是发展，文明乡风就是生产力"的理念，坚持"让村民既当村规民约的制定者，又当村规民约的执行者"的原则，按照"搜集群众建议、广泛征求意见、统一村民思想、召开村民大会、村民签字表决、试用一年实行"的"六步"修订法，先后 7 次修订村规民约，把禁燃、禁塑、禁止滥伐森林、禁用捕鱼器、家禽圈养、垃圾分类、取缔麻将馆和六合彩、酒席从简等写进村规民约，号召村民共同遵守，依据村规民约条款遵守的成效开展创星级文明户、先进院组和全村"十好"模范评选表彰活动。据统计，村规民约执行后，全村每年节约禁赌、禁燃、酒席从简等开支530余万元，有效提升了乡风文明。此外，油溪桥村创新推行了积分制管理。每户村民都建立了户主文明档案，由村组干部对全体村民遵守村规民约、产业开发等情况进行打分登记并建立积分动态管理台账，以量分到岗、到项、到户、打分到人的形式，进行积分制考评管理，积分数可以折换成股金，也可以参与村集体收入年底分红。积分制管理方式通过巧妙整合村规民约考评机制和利益分配机制，有效调动了村民参与村级治理的积极性。

在环境治理方面，油溪桥村倡导"人人都是保洁员"，鼓励全体村民参与村庄环境治理，在降低环境治理成本投入的同时，有效改善了村庄的人居环境。具体而言，油溪桥村主要采取了"防、堵、分"等举措："防"是从源头着手消减垃圾的产生；"堵"是要求垃圾不出户、不出院组、不出村，做到层层有责任，个个都参与；"分"是对垃圾处理从分类处理到位率入手。此外，油溪桥村还实行各户门前"五保"，公共地段环境卫生责任到户，并制定了严格的评比办法，对在每月卫生评比中较差的农户，由村组干部采取"一对一"帮扶整改的办法，实行卫生整治滚动式推进，确保了村庄人居环境的常态化管理。

三、脱贫攻坚经验

（一）以党建带村建，打造强有力基层组织

一是引导有奉献精神的年轻人充实基层组织干部队伍。基于十多年的村干部经历，油溪桥村村书记认为，在国家精准扶贫和乡村振兴等政策的大力支持下，村庄发展当前面临三个重要问题，即"谁去实施政策，如何实施政策，为谁实施政策"。在国家政策的推行过程中，村级组织如何发挥作用，如何让村民参与村庄发展决定着政策是否能真正落地。村级组织建设的核心是人才选拔的问题。村级组织成员的信念、情怀与责任担当形塑着村级组织的精神面貌和工作作风，进而决定着村庄是否能可持续发展。为更好地落实政策，服务村民，确保村庄的可持续发展，油溪桥村在村级组织队伍建设方面坚持德才兼备，以德为先的原则进行人才选拔，更为侧重引导有责任心、奉献精神和较强工作能力的年轻人充实村级组织的干部队伍。目前，油溪桥村两委班子成员平均年龄不到 36 岁。

二是完善党建管理机制，树立为民务实新风气。为强化党员干部为民服务的宗旨意识，油溪桥村实行了村组干部工资绩效改革，取消了会议务工补贴。在思想方面，油溪桥村定期组织党员干部开展"入党为什么，为党干什么"和"学什么""为谁做""怎么做"等专题讨论活动，让党员干部明确方向道路，清楚工作任务，知晓服务对象，明白村级党组织的重大意义和责任重负，知道做一名合格党员的标准和要求。在制度方面，油溪桥村建立了党员廉洁勤政档案，加强了对党员干部的日常监管。在村级项

目管理上，设置党员项目建设监管责任状，采取党员干部公开承诺、联系院组、分工指导、结对帮扶的方式，引导党员干部发扬勇于担当、甘于奉献的实干精神。此外，油溪桥村还建立了党员干部轮流授课学习制度，以提高党员干部的政策理解水平和学习组织能力。

三是坚持党员干部带头作用，引领村民脱贫致富。油溪桥村要求所有党员干部必须"带袖上岗亮身份，发展致富当能手，学习生活贴群众，入党必须挑重担"，并以"贴近建设、贴近生产、贴近群众"的"三贴"要求检验党员干部对村庄发展建设工作履职尽责的成效。在"节约就是发展，文明乡风就是生产力"的发展理念下，油溪桥村规定村组干部、党员每人每年要为村里的公益事业多捐 10 天义务工。2007 年至今，油溪桥村党员干部累计义务筹工 8200 多个。在全村党员干部先锋模范作用的带动下，油溪桥村村民表示，"只要看到了红袖章，就看到了风向标，看到了希望"。义务筹工不仅减少了村庄基础设施建设的投入成本，增强了党员干部以村为家的信念情怀，而且提高了村庄的向心力和凝聚力。

（二）践行小农模式，促产业可持续发展

按照因地制宜的原则，结合对村庄自然环境、地理条件以及土壤类型的科学分析，油溪桥村制订了特色种养殖和乡村旅游业融合发展的产业扶贫规划。根据"一村多品""一户一特""一户多业"的产业发展思路，油溪桥村先后推行稻田养鱼、甲鱼养殖、小籽花生、错季经果林（水蜜桃、世纪红柑橘、猕猴桃、杨梅、奈李、柚子和枇杷共 7 个品种）、牛羊养殖等特色农业项目，

成立了新化县吉庆镇铜锣湾水果种植、养牛、养鱼专业合作社和新化县油溪桥甲鱼养殖专业合作社共 4 个专业合作社，建成农业产业基地 13 处 3300 余亩，其中甲鱼养殖和稻田养鱼基地 560 亩、经果林 2800 余亩，已形成 10 多种注册"油溪桥"商标的农产品，年销售收入 265 万元。通过稻田养鱼，农户每亩可增收 2500 元。合作社实行"五个统一"，即由村委统一组织规划、由种植专业合作社统一开发管护、由农业技术人员统一培训指导、由村委统一收购销售、由贫困户参与统一行动，有效保障了农业产业项目的顺利实施，成功实现了户户有产业、产业发展零成本、零风险和高收益的目标。

基于特色农业产业的布局，油溪桥村结合自身的生态优势，以油溪河漂流为主线，以开发油溪桥村生态旅游资源为重点，着手打造农旅结合的原生态休闲旅游基地，成立了油溪桥旅游文化产业开发有限公司，引导、鼓励、支持村民发展旅游配套产业，为农家乐农户免费添置各种餐具，对外出参加烹饪等培训的村民给予资金资助，对发展特色种养产业的农户无偿提供各种技术支持，现已发展农家乐 33 家，集体生态农庄 1 家，游客接待中心 1 处，年利润达 885 万元。旅游配套产业的发展有效带动了种养户的自产自销，安排再就业人员 180 余人。农家乐实行公司化运作并实现"三统一"，即统一经营、统一标准、统一价格；集体生态农庄采取产权与经营权分开的形式进行开发经营，确保全村有产业、户户有股份、人人有分红，实现资源共享、抱团发展、共同致富。

在农业产业发展方面，油溪桥村的主要经验有以下三点：一是以小农户为产业发展主体激发农户内生发展动力。油溪桥村在产业发展过程中没有引进农业公司等新型农业经营主体，而是尊重农户在产业发展中的主体性，鼓励村民根据各户所拥有的水田、旱地和山地资源选择稻田养鱼、甲鱼养殖和经果林种植，在没有土地流转的情况下实现了户户有产业。小农户作为产业发展的主体一方面可以激发农户参与产业的内生动力，另一方面可以确保农户在产业收益分配中的话语权，进而可以进一步调动和提高农户参与产业发展的积极性。

二是以"一村多品"的小农模式减低自然风险和市场风险。油溪桥村以"一村多品"和"一户多业"为指导原则，鼓励农户自由选择产业并进行小规模种植或养殖，大大降低了自然风险和市场风险。村支两委引导农户进行实行错季规划、多样化、差异性打造四季花果。即使遇到暴雨或大幅降温等自然风险，某一种产品遭遇了损失，但"一村多品"不会遭遇全部损失。即使某一产品全部丰收，但因种植规模小，不至于果贱伤农。

三是以覆盖全产业链的服务确保农户脱贫增收。在村支两委的带领下，村民可以获得产前、产中和产后的全过程精准服务。在产前农资投入方面，以甲鱼养殖为例，村支两委统一采购甲鱼苗，集中喂养一段时间后，将喂养大的甲鱼苗免费发给全村的贫困户，帮助贫困户以零成本参与甲鱼产业。在经果林种植方面，村支两委要求种苗公司负责技术指导，并采用分期付款的方式支付苗木成本（第一年付款20%，第二年付款30%，结果并产生利润后付款50%），在种苗公司和村庄产业之间建立了紧密的利益联结机制，确保种苗公司售后技术指导服务到位，规避了技术风险和市场风险。在种植和养殖过程中，油溪桥村提出了"传产业技术，帮产业发展、帮管护销售"，党员带、能人带和模范带的

"一传、二帮、三带"和"村委统一组织开发、公司统一收购销售、合作社统一规划管护、技术人员统一培训指导、农民统一参与行动"的"五统一"模式，实现了家家户户有产业并且产业发展"零成本、零风险、全收益"，为贫困户脱贫增收提供了产业支柱。

（三）创新制定积分制，提升村民自治能力

在村庄治理方面，油溪桥村在坚持村庄发展靠村民的理念下，通过创新村庄治理方式不断调动村民参与村庄治理的积极性，改善了村风民风，美化了村庄的环境，提升了村庄治理的有效性。在村庄治理方面，油溪桥村的经验主要有以下两点：

一是创新制定积分制，调动村民参与村庄治理的积极性。油溪桥村的积分制管理主要以建立户主档案为基础，通过制定《积分管理细则》，对村民在出工出力、责任义务、产业经营、诚实守信、家庭美德等生产生活各方面的表现进行全面量化考核，并设立奖励量化指标 35 项、处罚量化指标 41 项，逐人逐户实行积分动态管理。积分制管理实行"一事一记录、一月一公开、半年一评比、一年一考核"，坚持考核到岗、量分到户、打分到人，积分高低与产业收益挂钩、与干部绩效挂钩、与评优推选挂钩、与物质奖励挂钩，通过利益联结机制和奖惩机制的结合，实现了村庄治理从粗放到精细、从被动到自愿的转变。

二是尊重村民的主体性，引导村民自治。油溪桥村推行民主管理，坚持走民主协商之路，村里的大小事务坚持由村民共同商议解决。每年定期召开会议广泛听取村民意见并集中村民智慧解决村庄事务。在村庄环境治理方面，油溪桥村倡导"人人都是保

洁员"，引导村民从源头减少垃圾，对垃圾进行分类管理，并将公共区域环境卫生责任到户，通过制定严格的评比办法，引导村民全员参与村庄的环境卫生治理，在强化村民环境卫生意识的同时，实现了村庄环境卫生的零投入常态化管理。在村规民约方面，油溪桥村通过组织村民制定村规民约，坚持"让村民既当村规民约的制定者，又当村规民约的执行者"的原则，按照"搜集群众意见、广泛征求意见、统一村民思想、召开村民大会、村民签字表决、试用一年实行"的"六步"修订法，先后7次修订村规民约，将禁燃、禁塑、禁止滥伐森林、禁用捕鱼器、家禽圈养、垃圾分类、取缔麻将馆和六合彩、酒席从简、移风易俗等写进村规民约，号召村民共同遵守，依据村规民约条款遵守的成效开展创星级文明户、先进院组和全村"十好"模范评选表彰活动。村民自治不仅改善了村庄的村容村貌，也改变了村民的精神面貌。

四、案例总结

"幸福不会从天降，好日子是干出来的。"油溪桥村的脱贫攻坚成效离不开强有力的基层组织领导，更离不开来自村民的点滴力量的汇集。油溪桥村基层组织在"一切发展为村民"的服务理念引导下，通过创新治理方式，充分激发了村民的内生发展动力，并基于村庄的资源禀赋，探索出乡村旅游和特色农业产业的融合发展之路，有效带动了贫困户脱贫增收。产业发展所推动的基础设施和公共服务的改善进一步提高了村民的幸福感和获得感。油溪桥村以脱贫攻坚助推乡村振兴，基于一村多品的小农模式，有效推动了村庄产业的发展，特色农产品和乡村旅游的相互带动，为村庄的产业兴旺提供了支柱，为村民脱贫致富奠定了基础。依托积分制管理，油溪桥村充分调动了村民参与村务治理的积极性，改善了村民的精神面貌。对村庄生态环境的保护也有效改善了村庄的居住环境。通过脱贫攻坚，油溪桥村摆脱了"有女莫嫁油溪桥，干死蛤蟆累死牛"的贫困状态，铸就了"山清水秀人人夸，民富和谐乐开花"的新局面。总体来看，油溪桥村的脱贫攻坚之路离不开以下三点：

一是可持续的发展理念。在产业规划和布局过程中，油溪桥村始终践行"绿水青山就是金山银山"的理念，坚定地走绿色可持续发展道路。保护村庄的生态资源一方面为乡村旅游产业发展和农业产业的可持续发展奠定了基础，另一方面为村民提供了宜居的生态环境和长期发展的储备资源。自脱贫攻坚以来，油溪桥村号召村民只种树、不砍树，大力植树造林，封山育林，充分利用贫困户的荒山资源，对贫困户的荒山空地采取村委提供苗木，农户投劳、共同开发的形式，为贫困户开发荒山 200 余亩，荒山开发率达 100%，森林覆盖率达 92.8%。在绿化的基础上，全村在河道、村主干道和游道两旁栽种各种花卉和苗木，实现了房前屋后花草环绕，荒山荒地花果飘香，使村容更加赏心悦目。为了确保油溪河水更清，村庄对生活污水采用植物净化方式处理后进行二次集中处理，小河和小溪以筑堤筑坝的形式进行沉淀净化，实现了生态资源的可持续发展，整村成功创建国家 3A 级景区。

二是强有力的基层组织。扶贫开发能否落到实处，发挥实效关键在基层组织，村干部必须要做好扶贫开发的组织者、服务者和技术指导员，只有真正为贫困户在脱贫致富中提供基础建设保障、产业技术保障、销售信息保障和配套服务保障，做到让贫困人口有条件脱贫、有产业脱贫、有带动脱贫和有保障脱贫、在资金精准的同时，还应该做到产业精准、技术精准、服务精准和保障精准，才能真正让国家的扶贫政策在实际开发运用中发挥出最大成效，让村民群众、贫困群体得到最大的实惠。油溪桥村以党建带村建、党风带民风，充分发挥了基层组织和党员干部在脱贫攻坚过程中的先锋模范带头作用。在基层组织成员选拔方面，油溪桥村坚持以工作为导向的选人机制，挑选有担当、有责任感、为人正派、群众拥护、有回报家乡情怀和奉献精神的干部，夯实村级组织基础，并通过党日活动和主题学习活动，强化干部为民服务的意识。在制度方面，制定了"定岗、定项、定点、定责"的"四定"责任制，对党员干部履职担当进行"月度、季度、年中、年终"四项考评，并与工资绩效挂钩。建立党员廉洁勤政档案，设置党员公益事业和捐款筹工公示栏，推行积分制考评管理，把党员干部在发展建设中的贡献详细记录下来，让党员干部干有平台、干有监督、干有激励。油溪桥村基层组织队伍的有力建设在增强党员干部"以村为家，爱我家乡"情结的同时，增强了村级组织的公信力和威信，为带动群众脱贫致富提供了组织保障。油溪桥村党组织先后获得了"全市先进基层党组织""党组织教育实践示范基地"和"全省党组织示范基地"等荣誉称号。

三是能够激发村民内生发展动力的治理方式。"一个村的发展，村民群众是主力。如果只有党员干部干，群众站在边上看，那肯定是无法成功的。"扶贫先"扶志"。在村民思想层面，油溪桥村倡导村民做"一个有尊严的村民，有尊严就是不向别人要，靠自己求发展"。在公示贫困户资料，接受群众监督的同时，油溪桥村还建立了评比机制，评比谁的脱贫速度快、谁的思想最积极、哪些院组最先脱贫、激发贫困户的内生发展动力，遏止"等、靠、要"的思想。通过强调"一滴水只有融入到大海里，才不会干涸"，"只有村好了，家才会好；大家富了，小家自然就能富"激发了村民参与村庄建设热情以及义务筹工筹劳的积极性。在具体的做法方面，油溪桥村创新性地提出了积分制管理，通过建立户主档案袋和积分的动态管理，结合利益联结机制和奖惩机制，调动村民参与村务管理的积极性。此外，油溪桥村以让"村民既当村规民约的制定者，又当村规民约的执行者"的方式调动村民主动参与村规民约的积极性，有效降低了村务管理成本，改善了村风民风，实现了村务治理由"替民作主"向"由民作主"的转变。根据村民对村规民约的执行情况，油溪桥村还通过评选"星级文明户"、"先进院组"和全村"十好"模范等活动作为奖励机制激发村民参与村务治理的主动性。油溪桥村村书记表示，"让村民成为受益的主体，村规民约才会深入人心，真正成为治村管村的法宝"。

油溪桥村的脱贫攻坚经验表明，通过发挥村级组织的创新活力，调动村民群众的自身发展内力和创造共建共享模式，可以更好地发挥扶贫的"造血"功能。油溪桥村的脱贫攻坚成效也为乡村振兴发展奠定了基础，但村庄目前面临的年轻劳动力人口外流问题也为乡村振兴提出了挑战。实现乡村振兴需要进一步解决好"谁去建设，谁去管理以及怎么发展"的问题，如何在村庄留住人才，组建强有力的基层组织，带动村民从"要我振兴"转向"我要振兴"，化"被动发展"为"主动发展"至关重要。

（本案例执笔人：李华）

案例点评

2019年，习近平总书记在河南省光山县考察当地脱贫攻坚成效时强调，党中央制定好的规划和政策要靠各级党组织来执行；要把基层党组织搞好，建设成为坚强战斗堡垒，团结带领群众永远跟着党走。油溪桥村以党建带村建、党风带民风，充分发挥了基层组织和党员干部在脱贫攻坚过程中的先锋模范带头作用。为夯实村级组织基础，油溪桥村坚持以工作为导向的选人机制，挑选有担当、有责任感和奉献精神的干部，并通过党日活动和主题学习活动，强化干部为民服务的意识。在村级党组织的带领下，油溪桥村奉行"自力更生、艰苦奋斗"的精神，结合村庄生态优势，制订了特色种养殖和乡村旅游业融合发展的产业扶贫规划。覆盖全产业链的村级产业服务在降低产业自然风险和市场风险的同时，为农户脱贫增收提供了有效保障。此外，油溪桥村积极探索乡村治理模式，积分制的创新制定有效调动了村民参与村庄治理的积极性，提升了村民自治能力并激发了村民的内生发展动力。可持续的产业发展规划和有效的村级治理模式为油溪桥村的进一步发展奠定了坚实的基础。

（点评人：李华，太原理工大学副教授）

后　记

　　本书所述湖南省五个案例村的调研成果是"中部区域县、村脱贫攻坚经验总结"（项目编号：TC190F4WF）项目的一部分。

　　2019 年 8 月，湖南组课题组成员在湖南省宜章县调研，10 月赴怀化、邵阳、娄底、常德、湘西 5 市进行村庄调研，调研了土家族、侗族、瑶族、苗族等湖南省主要少数民族村落。此外，还多次通过网络、电话从湖南省各级干部和村民处获取第一手资料，得到了当地干部群众的充分信任和支持。宜章县的调研完成了《宜章县脱贫攻坚经验总结研究报告》和《宜章脱贫攻坚图说故事》。村庄调研同样得到了当地干部和群众的大力支持，其成果汇集成本书《中国脱贫攻坚：湖南省五村案例》。我们将简述村庄调研过程，并向给予我们帮助的同志们致谢。

　　10 月 3 至 7 日，贺聪志副教授一行 5 人来到通道县。刚入通道，调研组就被当地清幽又富有民族文化气息的生态人文环境所吸引。调研期间，我们得到通道县地方政府以及牙屯堡镇、文坡村基层干部和村民的大力协助。在李清菊县长、扶贫办李顺练主任和工作人员杨显杰的支持和帮助下，我们得以快速进入各个场域，逐步了解当地扶贫的背景与现实、扶贫路上所克服的重重挑战以及实践工作中的不断摸索与创新，进而从更宏观的层面对当地丰富又复杂的扶贫路径有了总体性的理解。感谢牙屯堡镇党委书记林世昌、人大主席莫东林以及文坡村党支部书记粟田梅等长期工作在扶贫一线的乡村干部，他们引领我们一步步深入中国扶贫事业的微观实践，让我们感受到基层干部其间经历的种种挫折、困惑，及坚韧坚持与付出后终有收获的慰藉。感谢文坡村接受我们调研的数十位村民，感谢你们放下织锦和田间地里的活接受我们的访谈和问卷调查，不厌其烦地认真回答每个问题，让我们亲身体会到减贫历程在百姓群体身上所带来的变化。希望油茶飘香、侗锦织美的文坡村，在今后乡村振兴的道路中变得更加锦绣。

10月4至7日，王莎莎博士带队前往湖南省凤凰县夯卡村开展村级调研，课题组主要承担两项任务：一是总结夯卡村脱贫攻坚的相关经验；二是在夯卡村完成40份农户调研问卷。腊尔山镇的麻求生镇长、杨衡副镇长、驻村工作队"第一书记"龙建刚、驻村工作队队长黄江勇向我们全面介绍了夯卡村精准扶贫以来的各项工作。夯卡村工作队队员彭彦霖和肖峰、夯卡村村支部书记麻金革、村委会主任龙金刚、综治民生专干吴凡兴、村纪检专干吴亮明、村妇女主任吴爱花陪同课题组对乡镇的全貌以及移民搬迁的新居进行了实地走访。杨副镇长特意请来了夯卡村大学生村主干吴葵芬、流滚村大学生村主干王芝、忍务村大学生村主干吴红玉、叭苟村大学生村主干欧进福协助我们进行问卷调查，使40份问卷得以高效、及时的完成。麻金革书记还带我们走了以前进出村庄的悬崖上的"天梯"。在麻书记的老宅子，他向我们描述了当年外面下雨，堂屋可以洗衣服的场景。拨开重重野草，看到吴玉发过去的家时，我们似乎能看到他瘫痪的妻子龙金凤以前只能辗转屋里与院落的日日夜夜。山脚下那条河曾经是村里人走亲戚时蹚过去的便道。苦难的日子已经成为回忆，一代人用挣扎、努力、汗水和坚守换来了光明的前程。

课题组在调研期间，得到腊尔山镇的干部们和工作人员全方位的支持，他们不仅带领我们走访，还不厌其烦地汇总各类所需要的数据、信息。这其中包括镇党委书记孙云峰、镇长麻求生、党委副书记龙建为、副镇长杨衡、副镇长王升阳、扶贫专干侯月、扶贫专干龙振华、扶贫专干吴燕平、驻村干部龙稳。尽管正值脱贫攻坚最后验收的关键时刻，他们依然抽出宝贵的时间，甚至加班加点，保证课题组的工作能够顺利完成。

10月5至11日，课题组成员在潘璐教授带领下来到湖南省洞口县宝瑶村进行实践调研。时值国庆假期，洞口县扶贫办的胡杨同志牺牲休息时间，陪同课题组前往宝瑶村开展调研。一进村，美丽的瑶家村寨和上千年的古银杏树便深深地吸引了我们，身着民族服装的村干部热情地迎接我们，村委会墙上悬挂的村庄旧照诉说着脱贫攻坚过程中村庄发生的巨变。在几天的调研中，村支书舒炉宝陪同课题组走访了易地搬迁户、典型贫困户、边缘户、返乡创业者等20人，完成30份有效问卷；陪同课题组踏上村庄的古风雨桥和有着几百年历史的山间古道，感受村庄的历史变迁。在调研期间，课题组还参与了村民和游客一起组织的篝火晚会，看到能歌善舞的瑶家姐妹向游客展现独特的地方文化，真切感受到乡村旅游的发展和脱贫攻坚的成就使村民焕发的精神活力。宝瑶村的脱贫历程离不开以曹云辉为队长的湖南省财政厅驻村工作队的艰辛付出。在课题组调研期间，曹云辉处长已经回到原单位，但是他依然心系宝瑶村的发展，经常和村两委进行沟通交流，对村庄发展提出建议。课题组在走访过程中常能听到村民对曹书记的称赞与感激。在课题组撰写报告期间，曹处长还多次与课题组进行交流讨论，提出他对宝瑶村发展的思路见解。驻村工作队的扎实工作和对村庄脱贫的真挚情感深深打动和激励着课题组的每一位成员，脱贫攻坚的精神也将成为推进村庄乡村振兴的持续动力。

10 月 4 至 6 日，李华副教授带队到新化县吉庆镇油溪桥村开展调研。此次调研得到新化县扶贫办、吉庆镇、油溪桥村村委及村民的大力支持。调研组 4 日抵达新化县后，先与县扶贫办工作人员进行了访谈，初步了解了新化县的贫困状况及全县脱贫攻坚的进展及成效。5 日至 6 日，在县扶贫办秦雁南同志的陪同和帮助下，调研小组前往吉庆镇油溪桥村并在此进行了乡镇干部和村干部访谈以及村民调查问卷。在访谈过程中，吉庆镇朱吉良书记和何颜斌镇长重点介绍了吉庆镇的贫困概况以及油溪桥村在脱贫攻坚中的特色举措。油溪桥村村干部彭祥兵侧重介绍了油溪桥村在脱贫攻坚和乡村振兴建设中的重要举措，包括产业的规划和模式选择、村规民约的制定、乡风文明的建设、环境治理、积分制管理制度以及村两委在脱贫和村庄发展过程中的带头作用。在油溪桥村干部的有效组织及村民的高度配合下，调研组于 6 日上午顺利完成 40 份调查问卷，并参观了村庄的经果林产业、甲鱼养殖产业和集体庄园。在调研问卷的整理和收集过程中，于油溪桥村实习的湖南师范大学研究生张扬帆同学给予调查组较多的支持和帮助。6 日下午，外出学习归来的油溪桥村村书记彭育晚与调研组分享了他对基层组织建设在脱贫攻坚和乡村振兴过程中重要作用的看法，认为人才是乡村振兴和发展的关键，农村基层组织需要更多有奉献精神和责任情怀的人才。在油溪桥村短暂的调研过程中，油溪桥村村干部及村民积极向上的精神面貌给调研组留下了深刻印象。也正是在强有力的基层组织的带领下，油溪桥村有效发挥了村级组织的创新活力并激发了村民的内生发展动力，为村庄的进一步发展奠定了基石。

10月4至7日，汪淳玉副教授带领下课题组一行6人从北京出发赴常德市石门县南北镇薛家村开展实地调研。时值国庆黄金假期，但当地党政干部、扶贫工作人员仍抽出专门时间对接调研团队，并指派专人负责协调、安排调研工作。调研组在县扶贫办主任蔡书文、扶贫办工作人员覃明湘、南北镇镇长方杰、副镇长陈景智、人大主席刘亚、薛家村村支书覃遵彪、军人团队的负责人谢淼的协助下，深入了解薛家村的脱贫攻坚整体情况。课题组同时以问卷为载体，访谈贫困户、一般户、边缘户等20余人，完成问卷20余份。课题组还跟随村干部参观了王新法党性教育基地，观看了相关的纪实视频，走访了王新法生前的工作场景。通过实地观察、访谈，课题组全面了解了薛家村的脱贫致富之路。薛家村积极利用各类资源，从改善基础设施、纠正不良风气、提升村民素质、打造多元产业等方面入手，不仅如期实现脱贫摘帽，还发展成一个集产业发展、乡风文明等方面于一体的模范性村庄。

文坡村、夯卡村、宝瑶村、油溪桥村、薛家村，这5个村庄是湖南脱贫攻坚的缩影。这些村庄各有自己的特点，但在脱贫攻坚之处都是自然资源相对匮乏、交通不便、产业基础薄弱的村庄。它们的脱贫之路既有外来力量的无私支援，也有村庄的自力更生、大胆创新；是勇于奉献、不怕牺牲的党员干部和淳朴善良、拼搏奋斗的群众共同创造了中国脱贫攻坚的奇迹。这一段波澜壮阔的历史值得我们久久铭记，时时回顾。

最后，再次对关心本项目的领导和支持我们工作的湖南人民表示诚挚的感谢，对曾经奋斗在脱贫攻坚一线的战士们表示衷心的敬意！

"中部区域县、村脱贫攻坚经验总结"项目湖南省课题组